Arthur König, Conrad Dieterich

Die Grundempfindungen in normalen- und anomalen Farbensystemen

Und ihre Intensitätsverteilung im Spektrum

Arthur König, Conrad Dieterich

Die Grundempfindungen In normalen- und anomalen Farbensystemen
Und ihre Intensitätsverteilung im Spektrum

ISBN/EAN: 9783743615106

Hergestellt in Europa, USA, Kanada, Australien, Japan

Cover: Foto ©Thomas Meinert / pixelio.de

Weitere Bücher finden Sie auf **www.hansebooks.com**

DIE

GRUNDEMPFINDUNGEN

IN

NORMALEN UND ANOMALEN FARBENSYSTEMEN

UND IHRE

INTENSITÄTSVERTEILUNG IM SPEKTRUM.

VON

A<small>RTHUR</small> K<small>ÖNIG</small> <small>UND</small> C<small>ONRAD</small> D<small>IETERICI</small>.

MIT 8 FIGUREN IM TEXT.

HAMBURG <small>UND</small> LEIPZIG
VERLAG VON LEOPOLD VOSS
1892.

SONDER-ABDRUCK
AUS
ZEITSCHRIFT FÜR PSYCHOLOGIE
UND PHYSIOLOGIE DER SINNESORGANE.

I. Einleitung.[1]

§ 1. Präzisierung der Aufgabe. Die Einsicht in die Funktion der den Lichtreiz perzipierenden Elemente des Gesichtssinnes muſs angebahnt werden durch Reduktion der unendlichen Menge von Farbenempfindungen auf eine möglichst kleine Anzahl von „Elementarempfindungen", deren alleinige oder gleichzeitige Auslösung in wechselnder Intensität und wechselndem Verhältnis die übrigen Farbenempfindungen entstehen läſst, von denen aber gar nicht vorausgesetzt wird, daſs

---

[1] Im Auszuge wurde diese Abhandlung bereits am 22. Juli 1886 der Akademie der Wissenschaften zu Berlin vorgelegt und in deren Sitzungsberichten vom 29. Juli 1886, S. 805, veröffentlicht. Eine Darstellung der YOUNGschen Farbentheorie auf Grundlage dieser Untersuchungen wurde von Einem von uns auf der Versammlung der British Association im Herbste 1886 zu Birmingham gegeben. (Vergl. A. KÖNIG, *Report of the British Assoc. Birmingham* 1886, S. 431.) Dieser Vortrag erschien in deutscher Übersetzung mit erläuternden und ergänzenden Anmerkungen als Extrabeilage zur „*Naturwissenschaftlichen Rundschau*" 1886, No. 50.

Das späte Erscheinen der vorliegenden ausführlichen Darstellung ist durch eine Reihe persönlicher Momente veranlaſst worden. Die Kritiken, welche die vorläufigen Mitteilungen erfahren haben und für welche wir uns den Autoren zu Danke verpflichtet fühlen, werden wir an den betreffenden Stellen dieser Abhandlung erwähnen, sofern ihr Inhalt uns zu einer Erwiderung Veranlassung giebt.

Rechnungs- und Druckfehler, welche in den Zahlenangaben der vorläufigen Mitteilung enthalten sind, haben wir hier ohne weiteres berichtigt, da sie niemals von irgend welchem Einfluſs auf die von uns gemachten Schluſsfolgerungen waren.

ihnen ein einfacher Prozefs in der Peripherie des Optikus entspricht, sondern welche nur so gewählt sind, dafs sich die an die Beobachtungen unmittelbar anschliefsenden Rechnungen und analysierenden Darstellungen der Farbensysteme möglichst einfach gestalten. Es ist dieses eine Aufgabe der rein experimentellen Forschung, deren Lösung von jeder theoretischen Annahme freigehalten werden mufs und kann, und im Folgenden auch freigehalten ist. Aus diesem Grunde ist auch die Bezeichnung „Elementarempfindung" im Unterschiede von DONDERS' Zerlegung der Farbensysteme in „Fundamentalfarben" gewählt worden. DONDERS nämlich definiert[1] eine fundamentale Farbe als eine solche, welche einen einfachen Prozefs in der Peripherie repräsentiert, und identifiziert dieselbe dann mit dem, was wir als „Elementarempfindung" bezeichnen. Darin liegt jedoch ein Überschreiten der Erfahrung, welches hier um so strenger vermieden werden mufs und soll, als sich im Verlaufe unserer Untersuchung ein Unterschied zwischen „Elementarempfindung" und „Fundamental-Farbe" ergeben wird. Es mag hier schon im voraus erwähnt werden, dafs unsere weiter unten eingeführten und definierten „Grundempfindungen" identisch mit den DONDERSschen „Fundamental-Farben" sind.

Die erste wesentliche Vereinfachung unserer Aufgabe ergiebt sich dadurch, dafs bei allen Farbensystemen sämtliche Empfindungen durch Spektralfarben und deren Mischungen erzeugt werden können, so dafs also mit der Reduktion der Spektralfarben auf Elementarempfindungen bereits das vorgesteckte Ziel erreicht ist.

Die Kurven, welche entstehen, wenn wir die Intensität der Elementarempfindungen in dem Interferenz-Spektrum des Sonnenlichtes als Ordinaten auftragen, während wir ein Interferenz-Spektrum als Abscissenaxe benutzen, wollen wir immer als „Elementar-Empfindungs-Kurven" bezeichnen.

Der allgemein befolgte Gang für die Bestimmung einer solchen Kurve war der folgende: Zuerst wurde der Kurvenverlauf für das in dem von uns verwendeten Spektralapparat entstehende Dispersions-Spektrum des benutzten Gaslichtes aus den angestellten Beobachtungen berechnet; dann wurde die Reduktion der Ordinaten zunächst auf ein Interferenz-Spektrum

---

[1] F. C. DONDERS. *Gräfes Archiv*, Bd. 27 (1), S. 176. 1881.

derselben Lichtquelle und endlich auf Sonnenlicht vorgenommen. Wir haben daher vor einem näheren Eingehen auf die erhaltenen Resultate folgendes darzulegen:
1. Die Konstruktion des Spektralapparates (Farbenmischapparat).
2. Die Reduktionen des mit unserem Farbenmischapparat erzeugten Dispersions-Spektrum auf das Interferenz-Spektrum.
3. Das Intensitätsverhältnis bei den verschiedenen Wellenlängen zwischen Gaslicht einerseits und Sonnenlicht andererseits.

§ 2. **Der Farbenmischapparat und die Beleuchtungslampen.** Der genannte Apparat ist bereits vor mehreren Jahren von Hrn. v. HELMHOLTZ zu Farbenmischversuchen konstruiert worden, ohne jedoch bis jetzt zu genaueren Messungen benutzt worden zu sein. Er enthält (Fig. 1) auf dem feststehenden Tischchen T ein gleichseitiges, auf allen drei Seiten geschliffenes Prisma P. Die beiden Kollimatorrohre C_1 und C_2 können vermittelst der Schrauben R_1 und R_2 in ihrer Stellung geändert werden, während das Rohr B in solcher Lage an dem Tischchen T festgeklemmt ist, daſs die der Fläche 3 gegenüberliegende Prismenkante die Achse des Rohres schneidet und senkrecht auf ihr steht.

Die beiden Kollimatoren C_1 und C_2 enthalten die achromatisierten Linsen L_1 und L_2 und an ihren anderen Enden die sorgfältig gearbeiteten Spalte S_1 und S_2. Es können diese Spalte durch die Schrauben Q_1 und Q_2 bilateral verengert und verbreitert werden, so daſs die Mitte des Spaltes genau an derselben Stelle bleibt. Die Breite dieser Spalte läſst sich vermittelst der mit einer Teilung versehenen Schraubenköpfe bis auf 0.001 mm schätzen. Es wurde die Genauigkeit der Teilung und des Schraubenganges am Beginn, in der Mitte und am Schlusse der ganzen Untersuchung durch besondere Messungen kontrolliert und bis auf die angegebene Grenze richtig befunden. Ein toter Gang der Schraube war nicht zu berücksichtigen. Der Nullpunkt hingegen zeigte mehrfache Änderung und wurde daher oftmals neu bestimmt. Zwischen den Spalten S_1 und S_2 und den Linsen L_1 und L_2 kann in jedem Kollimatorrohre ein achromatisiertes, doppelbrechendes Kalkspatprisma (K_1 und K_2) verschoben werden.

Das Rohr B enthält die achromatisierte Linse L_3 und in der Brennebene ein Diaphragma dd, in dem sich ein vertikaler

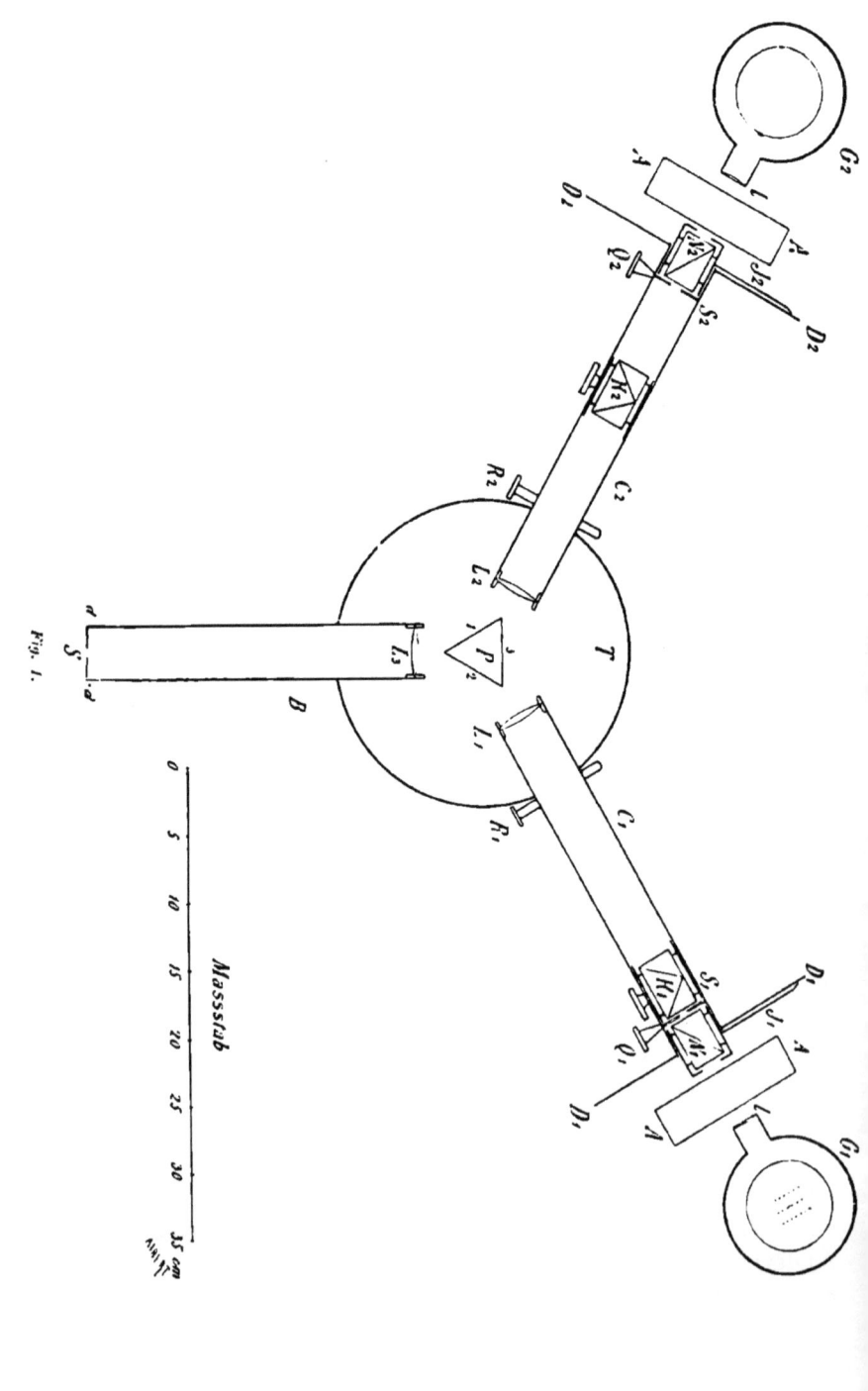

Fig. 1.

Spalt S von ca. 2 mm Höhe und $^3/_4$ mm Breite befindet. Es kann aufserdem noch ein Okular vorgeschoben werden, welches den Spalt S in starker Vergröfserung zu betrachten erlaubt.

Nehmen wir an, der Doppelspat K_1 sei dicht an den Spalt S_1 herangeschoben (wie es in der Figur gezeichnet ist) und dieser durch eine vorgesetzte Lichtquelle erleuchtet, so tritt, wenn S_1 in der Brennebene der Linse L_1 steht, aus dieser ein paralleles Strahlenbündel, von welchem der durch die Fläche 3 in das Prisma eintretende Teil letzteres nach abermaliger Brechung an der Fläche 1 als ein für jede Farbe paralleles Bündel verläfst. Diese Bündel werden durch die Linse L_3 in der Ebene des Diaphragma dd zu einem Spektrum vereinigt, von dem nun durch den Spalt S ein schmaler Streifen herausgeschnitten wird.

Blickt der Beobachter, ohne dafs das Okular aufgesetzt wird, jetzt durch den Spalt S in das Beobachtungsrohr hinein, so sieht er die Fläche 1 des Prisma, soweit er sie durch die Fassung der Linse L_3 überblicken kann und sie mit dem Strahlenbündel erfüllt ist, gleichmäfsig erleuchtet. Die Farbe ist in dem ganzen Felde gleich derjenigen einer Mischung des in dem schmalen durch S hindurchgelassenen Spektrumausschnitte enthaltenen Lichtes und kann daher mit ungemein grofser Annäherung gleich derjenigen des mittleren durchgelassenen Spektrallichtes betrachtet werden. Sie hängt ab von der Stellung des Kollimatorrohres C_1 und ist daher mit dieser veränderlich.

Wird bei gleicher Stellung des Doppelspates K_2 auch der Spalt S_2 erleuchtet, so erblickt man die Prismenfläche 2 in einer durch die Stellung des Kollimators C_2 gegebenen Spektralfarbe.

Der gesamte Anblick, der sich dann darbietet, ist dargestellt in Fig. 2, wo die beiden in verschiedener Richtung schraffierten Felder im allgemeinen verschieden gefärbt zu denken sind. Die vertikale mittlere Trennungslinie rührt her von der vorderen Prismenkante (gebildet durch die Flächen 1 und 2); die beiden seitlichen Umgrenzungen

Fig. 2.

sind gegeben durch die Fassung der Linse L_3, während die vier kleinen Bogenstücke, welche die übrige Umgrenzung bilden, von den Fassungen der Linsen L_1 und L_2 herrühren.

Um nun die mittleren Wellenlängen der beiden Spektralfarben, in denen die Prismenflächen 1 und 2 leuchten, genau zu bestimmen, wurde folgendes Verfahren eingeschlagen, welches bei diesem Apparate schon früher benutzt worden ist.[1] An jedem Kollimatorrohre war ein kleines Spiegelchen angekittet. Hierin wurden mit Fernrohren die Spiegelbilder einer Skala betrachtet, die in ca. 5 m Entfernung an der Wand angebracht war. Der Spalt S_1 wurde nun bei sehr geringer Breite nacheinander mit Kalium-, Lithium-, Natrium-, Thallium- und Strontiumlicht erleuchtet, während das Okular aufgeschoben war und dem Kollimatorrohre C_1 nacheinander solche Stellungen gegeben wurden, dafs die entstehenden hellen Linien K_α, K_β, L_α, N_α, Tl und Sr_δ sich in der Mitte des Spaltes S befanden. In dem Fernrohre wurde dann jedesmal der hierbei mit dem Fadenkreuz zusammenfallende Skalenteil abgelesen. In den zwischen den genannten Linien liegenden Intervallen konnte man hinreichend genau vermittelst der Formel

$$T = A + \frac{B}{\lambda^2}$$

interpolieren, wo T den Skalenteil, λ die Wellenlänge und A und B zwei Konstanten bezeichnen, die aus den Werten von T und λ für die beiden das Intervall begrenzenden Spektrallinien zu berechnen waren. In dieser Weise wurde eine Tabelle aufgestellt, aus welcher für jeden in dem Fernrohr abzulesenden Skalenteil die entsprechende mittlere Wellenlänge des durch S hindurchgehenden Lichtes und umgekehrt für jede gewünschte mittlere Wellenlänge der einzustellende Skalenteil zu entnehmen war. Trotzdem der Apparat und die Fernrohre auf Steinpfeilern festgekittet waren und die Skala, wie oben schon erwähnt, an der Wand angebracht war, zeigte sich, wahrscheinlich als Folge geringer Temperaturschwankungen, dafs diese

---

[1] A. König, *Gräfes Archiv*, Bd. 30 (2), S. 155. 1884, und *Wied. Ann.* Bd. 22, S. 567. 1884. — A. König und C. Dieterici, *Gräfes Arch.*, Bd. 30 (2), S. 171. 1884, und *Wied. Ann.*, Bd. 22, S. 579. 1884.

Tabelle vor jeder Beobachtungsreihe aufs neue durch Einstellung einer der genannten Spektrallinien zu kontrollieren war. Es wurde hierzu meistens die Na-Linie benutzt und im erforderlichen Falle die Skala an der Wand um so viel verschoben, dafs der entsprechende Skalenteil der Tabelle im Fernrohr einstand. Für das zweite Kollimatorrohr C_2 konnte in gleicher Weise eine Tabelle entworfen werden, doch wurde hier oftmals die hohe Empfindlichkeit des Auges gegen Wellenlängenänderung im Spektrum[1] benutzt und das in dem anderen Felde (also von C_1 herrührende) gleich erscheinende Licht eingestellt, dessen Wellenlänge dann aus jener Tabelle bestimmt wurde.

Liegt in einem Kollimatorrohre der Kalkspat nicht dicht vor dem Spalte, sondern ist er in der Richtung nach der Linse verschoben (wie dieses in Fig. 1 bei dem Kollimator C_2 dargestellt ist), so entstehen von dem einen Spalte in der Ebene des Diaphragma dd zwei Spektren, welche senkrecht zu einander polarisiert und um so mehr gegeneinander verschoben sind, je weiter der Kalkspat von dem Kollimatorspalt entfernt ist. Der Diaphragmenspalt S schneidet also zwei Stücke verschiedener Farbe aus den beiden Spektren heraus. Blickt man nun ohne Okular durch den Spalt S, so sieht man im allgemeinen die betreffende Prismenfläche in der Mischung der beiden durch S hindurchgehenden Spektralfarben leuchten. Die relative Helligkeit der beiden annähernd als monochromatisch zu betrachtenden Komponenten der Mischung kann man durch Drehen eines zwischen Kollimatorspalt und Lichtquelle befindlichen NICOLschen Prismas beliebig ändern. In Fig. 1 sind diese an den Kollimatoren angebrachten NICOLschen Prismen mit N_1 und N_2 bezeichnet. Ihre Stellung kann vermittels der Indices J_1 und J_2 an den Teilkreisen $D_1 D_1$ und $D_2 D_2$ bis auf $0,1°$ abgelesen werden. Es ist ersichtlich, dafs durch Änderung der Richtung des Kollimatorrohres, durch Verschiebung des Doppelspates und durch Drehung des NICOLschen Prismas die Lage der beiden Komponenten im Spektrum und ihr Mischungsverhältnis beliebig gewählt werden kann. Die Bestimmung der Wellenlängen der beiden Mischungskompo-

---

[1] A. KÖNIG und C. DIETERICI, *Gräfes Archiv*, Bd. 30 (2), S. 171. 1884, und *Wied. Ann.*, Bd. 22, S. 579. 1884.

nenten geschieht, indem man nacheinander vermittelst des NICOLschen Prismas die eine und dann die andere Komponente völlig auslöscht und jedesmal das oben ausführlich beschriebene Verfahren benutzt. In der Wahl der Komponenten tritt allerdings für die praktische Ausführung eine gewisse Einschränkung ein, worauf an geeigneter Stelle weiter unten eingegangen werden soll.

Die Beleuchtung der Kollimatorspalte geschah vermittelst sogenannter „Triplex-Gasbrenner" G_1 und G_2 aus der optisch-mechanischen Werkstatt der Hrn. F. Schmidt & Hänsch in Berlin (aus der auch der Farbenmischapparat herstammt). Sie bestehen aus drei parallel gestellten Flachbrennern, die zunächst von einem gemeinsamen, geeignet geformten Glascylinder und dann von einem Thoncylinder umgeben sind. Der letztere enthält ungefähr in der Mitte der Flammenhöhe einen kleinen röhrenförmigen Ansatz, senkrecht zu der Richtung der Flachbrenner. An dem äufseren Ende ist er mit einer Konvexlinse l versehen, deren Focus in der Ebene des mittleren Brenners liegt. Das benutzte Leuchtgas wurde einem sehr weiten Gasrohre entnommen, durch einen ELSTERschen Druckregulator geleitet und dann vermittels eines T-Rohres den beiden benutzten Triplex-Brennern zugeführt.

Um die NICOLschen Prismen, sowie die Doppelspate vor starker Erwärmung thunlichst zu schützen, war noch an jedem Kollimatorrohre, zwischen ihm und dem Triplex-Brenner, ein kleiner, mit Alaunlösung gefüllter, Glastrog AA fest angebracht, so dafs trotz der Richtungsänderungen des Kollimators die in die Spalte eintretenden Lichtstrahlen immer dieselben Stellen seiner Glaswandungen passierten. Damit die Stellung des Triplex-Brenners zu dem Kollimatorrohre immer dieselbe blieb, war folgende Vorkehrung getroffen. Der Kollimator trägt an seinem äufseren Ende einen zweiten, vertikal gerichteten Spiegel und eine mit der Spitze nach oben gekehrte Nadel. Ein an der Lampe fest angebrachter Arm ist ebenfalls mit einem solchen Spiegel und einer nach unten gekehrten Nadel versehen. Die Lampe wird immer so gestellt, dafs die Spitzen der beiden Nadeln sich berühren und die Spiegel parallel stehen, was sehr leicht zu kontrollieren ist; dann ist die Stellung der Lampe zum Kollimatorrohr eindeutig bestimmt.

§ 3. **Umrechnung auf das Interferenz-Spektrum des Sonnenlichtes.** Wenn wir von derselben Lichtquelle verschiedene Spektren (z. B. ein Dispersions- und ein Interferenz-Spektrum) entwerfen, so verhalten sich bei gleichen Wellenlängen und unter sonst gleichen Umständen in den beiden Spektren die Helligkeiten wie die Quotienten von $\frac{d\lambda}{dl}$, wo dl diejenige Strecke im Spektrum bezeichnet, auf der sich die Wellenlänge λ um $d\lambda$ ändert. Bei einem Interferenz-Spektrum ist $\frac{d\lambda}{dl}$ konstant, bei einem Dispersions-Spektrum hingegen mit λ veränderlich. Der Faktor, mit dem wir die Ordinatenwerte in den für das Dispersions-Spektrum gewonnenen Empfindungskurven zu multiplizieren haben, um die Ordinaten in Bezug auf das Interferenz-Spektrum zu erhalten, ist also den Quotienten $\frac{dl}{d\lambda}$ des Dispersions-Spektrum proportional. Da in unserem Apparate die Strahlen des Prisma fast in dem Minimum der Ablenkung durchliefen, so konnte man, ohne einen merklichen Fehler zu begehen, $\frac{dl}{d\lambda}$ direkt aus der im vorigen Paragraphen für die Bestimmung der mittleren Wellenlängen erwähnten Tabelle entnehmen. Es wurden aus ihr die Werte von $\frac{dl}{d\lambda}$ in Abständen von je $10 \mu\mu$ entnommen und die übrigen Werte graphisch interpoliert.

Die Umrechnung der Kurven auf die Intensitätsverhältnisse von weifsem Licht hängt hauptsächlich von der Definition des letzteren ab. Ohne uns auf den bestehenden Gegensatz der hierüber herrschenden Ansichten einzulassen, wollen wir als „weifses" Licht dasjenige Sonnenlicht bezeichnen, welches bei möglichst durchsichtiger Atmosphäre auf der Erdoberfläche anlangt. „Weifse" Pigmentfarben sind solche, bei denen der Reflexions-Koeffizient für Licht aller Wellenlängen derselbe ist. Es wird sehr schwer sein, durch photometrische Messungen ein solches Pigment mit Sicherheit herauszufinden; vorläufig genügt es aber, wenn man ein bestimmtes, leicht reproduzierbares Pigment, welches jene Bedingung mit grofser Annäherung erfüllt, als „weifs" definiert. Es hat nun schon vor einiger Zeit Einer von uns bei der Bestimmung des „neutralen

Punktes" im Spektrum der Farbenblinden für physiologisch-optische Versuche als empfehlenswertes derartiges Pigment Magnesiumoxyd vorgeschlagen und als „Normalweifs" bezeichnet.[1] Man erhält dieses sehr schön und gleichmäfsig aufgetragen, wenn man ein Papier- oder Glimmerblatt über brennenden Magnesiumdraht hält.

Die eine Spalthälfte eines Königschen Spektralphotometers[2] wurde nun mit dem Lichte des „Triplex-Brenners" erleuchtet, während in die andere Hälfte Licht eindrang, das von der am unbewölkten Himmel stehenden Mittagssonne an einer mit „Normalweifs" überzogenen Fläche diffus reflektiert wurde. Es liefsen sich dann mit ziemlicher Schärfe in den verschiedenen Teilen beider Spektren die relativen Intensitätsverhältnisse bestimmen. Die nachfolgende Tabelle I. giebt die gemessenen Werte an, wobei das Verhältnis für 590 $\mu\mu$ willkürlich gleich 1 gesetzt ist.

Die für die Rechnung erforderlichen Werte wurden aus den hier angegebenen durch graphische Interpolation gewonnen.

Zur Kontrolle der im Folgenden mitgeteilten Berechnungen geben wir in Tabelle II. von allen Wellenlängen, welche überhaupt bei unseren Beobachtungen in Betracht gekommen sind, die Reduktions-Koeffizienten sowohl für die Umrechnung des Dispersions-Spektrum auf das Interferenz-Spektrum wie auch des Gaslichtes auf Sonnenlicht.

Tabelle I.

λ	Sonnenlicht / Gaslicht
670 $\mu\mu$	0.370
623 ,,	0.652
590 ,,	1.000
561 ,,	1.474
535 ,,	2.180
511.5 ,,	3.468
489 ,,	5.585
461 ,,	9.641
442 ,,	14.810

[1] A. König, *Verhandl. der physikal. Gesellsch. in Berlin*, Sitzung vom 2. März 1883. — *Wied. Ann.* Bd. 22. S. 572. 1884. — *Gräfes Arch.* Bd. 30 (2). S. 162. 1884.

[2] A. König, *Verhandl. der Physikal. Gesellsch. in Berlin* vom 22. Mai 1885 und 19. März 1886.

Tabelle II.

λ	Interferenz-Spektrum Dispersions-Spektrum	Sonnenlicht Gaslicht	λ	Interferenz-Spektrum Dispersions-Spektrum	Sonnenlicht Gaslicht
720 μμ	0.540	0.25	520 μμ	1.554	2.88
700 „	0.576	0.27	516.5 „	1.593	3.12
685 „	0.608	0.30	515 „	1.610	3.22
670 „	0.649	0.37	512 „	1.650	3.43
660 „	0.682	0.40	510 „	1.672	3.59
655 „	0.700	0.43	505 „	1.730	4.00
650 „	0.718	0.47	503 „	1.754	4.16
645 „	0.736	0.48	500 „	1.792	4.43
642.5 „	0.746	0.50	495 „	1.850	4.91
640 „	0.757	0.53	490 „	1.919	5.40
632 „	0.787	0.58	487.5 „	1.950	5.65
631 „	0.790	0.60	487 „	1.956	5.70
630 „	0.796	0.60	485 „	1.984	5.90
620 „	0.839	0.68	480 „	2.046	6.52
619 „	0.844	0.68	479 „	2.060	6.66
610 „	0.886	0.78	475 „	2.110	7.25
605 „	0.907	0.80	474 „	2.125	7.42
600 „	0.930	0.86	467.5 „	2.222	8.40
590 „	0.980	1.00	465 „	2.248	8.90
580 „	1.035	1.12	464 „	2.260	9.08
577 „	1.055	1.18	463 „	2.273	9.25
575 „	1.067	1.21	455 „	2.390	11.05
570 „	1.102	1.31	454 „	2.405	11.40
563.5 „	1.154	1.43	450 „	2.462	12.45
560 „	1.180	1.50	448 „	2.490	13.05
556 „	1.212	1.59	445 „	2.534	13.90
555 „	1.222	1.63	440 „	2.612	15.40
550 „	1.269	1.76	439 „	2.631	15.72
545 „	1.307	1.87	438 „	2.645	15.95
540 „	1.353	2.01	437 „	2.660	16.20
536 „	1.393	2.12	436 „	2.680	16.65
535 „	1.402	2.20	433 „	2.730	17.67
530 „	1.448	2.37	430 „	2.775	18.70
525 „	1.500	2.61	426 „	2.900	21.00
521 „	1.540	2.81	420 „	2.950	21.80

§ 4. **Die untersuchten Farbensysteme.** Dem bisherigen Gebrauche uns anschliefsend, nennen wir „Farbensystem" die Gesamtheit der Farbenempfindungen, deren ein bestimmtes Individuum fähig ist. Die Erfahrung hat das Vorhandensein von Farbensystemen nachgewiesen, die sich auf eine, resp. zwei, resp. drei Elementarempfindungen zurückführen lassen. Nach DONDERS' Vorgang haben wir dieselben hier als monochromatisch, dichromatisch und trichromatisch bezeichnet. Trotz der Tautologie, welche in dieser Benennung liegt, ist dieselbe noch immer als die beste der bisher benutzten anzusehen. Wir hatten das grofse Glück, nicht nur Personen zu finden, welche mit allen diesen Farbensystemen (und zwar mit allen ihren später noch zu erwähnenden Typen) begabt waren, sondern es waren dieselben auch fast alle in exakten Beobachtungen wohl geschult. Wir haben an dieser Stelle die angenehme Pflicht, jenen Herren, die wir im weiteren Verlaufe der Darstellung noch namhaft machen werden, unseren wärmsten Dank auszusprechen für die oftmals recht weitgehenden Opfer, die sie uns an Zeit und Mühe dargebracht haben; insbesondere weilt aber unsere dankbare Erinnerung bei zweien von ihnen, die, selber mathematische und medizinische Forscher, der Tod inzwischen der Wissenschaft schon entrissen hat.

II. Monochromatische Farbensysteme.

§ 5. **Allgemeine Eigenschaften monochromatischer Farbensysteme.** Es giebt Personen, welche keine Farbennuancen unterscheiden können, und denen daher, soweit die Farben in Betracht kommen, die Welt erscheint, wie dem normalen Auge eine Photographie oder ein Stahlstich. Die Litteratur weist etwa 40 Personen nach, welche man dieser Klasse, den total Farbenblinden, zugerechnet hat. Bei einer eingehenderen Prüfung würde sich aber wahrscheinlich ein Teil derselben als nicht hierher gehörig erweisen. Aufser dem völligen Mangel des Farbenunterscheidungs-Vermögens zeigen die näher untersuchten Personen dieser Klasse noch einige andere, an das Pathologische angrenzende Eigentümlichkeiten des Gesichtssinnes. Herabgesetzte Sehschärfe,

manchmal nur $\frac{1}{10}$, sowie grofse Lichtscheu sind hier in erster Reihe zu erwähnen.[1]
Der von uns untersuchte Monochromat, der inzwischen gestorbene Gewerbeschul-Direktor Dr. A. BEYSSELL, hatte auf dem einen Auge die Sehschärfe $\frac{1}{4}$, auf dem anderen $\frac{1}{6}$, besafs auf beiden Augen eine Hyperopie von zwei Dioptrieen und litt aufserdem an einem geringen Nystagmus. Das Farbensystem war auf beiden Augen vollkommen identisch und, soweit sich Hr. BEYSSELL erinnern konnte, stets unverändert geblieben. Aus Untersuchungen, welche gleichzeitig Hr. W. UHTHOFF an Hrn. BEYSSELL angestellt hat,[2] mag hier noch folgendes zitiert sein: „Hr. BEYSSELL zeigt ophthalmoskopisch einen mäfsigen, aber deutlichen Grad von Albinismus. Schon bei einer Beleuchtungssteigerung, wo beim normalen Gesichtssinn die Sehschärfe noch zunimmt, sinkt hier dieselbe bereits wegen Überblendung, während bei geringen Beleuchtungsintensitäten die Sehschärfe im Verhältnis zu der geringen Höhe, welche sie überhaupt erreicht, unverhältnismäfsig hoch ist."

Die Empfindlichkeit für Helligkeits-Differenzen war, wie sich aus unseren Beobachtungen ergab, ziemlich herabgesetzt.

§ 6. **Bestimmung und Gestalt der Elementar-Empfindungs-Kurve.** Weil hier in dem Spektrum nur Intensitäts- und keine Farbenunterschiede vorhanden sind, so genügt die Annahme einer Elementarempfindung. Um die Gestalt der Elementar-Empfindungs-Kurve zu finden, war es nur nötig, von Hrn. BEYSSELL die Intensitätsverteilung im Spektrum bestimmen zu lassen.

Diese Messungen geschahen, indem das Kollimatorrohr C_1 des Farbenmischapparates, während beide Doppelspate dicht an die Spalte herangeschoben waren, nacheinander bei unverändertem Spalte S_1 auf die in der ersten Kolumne der Tabelle III. angegebenen Wellenlängen des Intervalles von 610 $\mu\mu$ bis 480 $\mu\mu$ eingestellt und dann durch Änderung der Spaltbreite an dem anderen Kollimatorrohr C_2 Gleichheit der beiden Teile des Gesichtsfeldes hergestellt wurde. Für die übrigen an den Enden des Spektrum

---

[1] Die von DONDERS (*Gräfes Arch.*, Bd. 30 (1), S. 80. 1884) als typisch hervorgehobene Erhöhung der unteren Reizschwelle ist nicht regelmäfsig vorhanden; vergl. den neuerdings von Hrn. E. HERING beobachteten Fall (*Pflügers Arch.*, Bd. 49, S. 575. 1891).

[2] W. UHTHOFF, *Gräfes Arch.*, Bd. 32 (1), S. 200. 1886.

(655 μμ bis 619 μμ und 474 μμ bis 426 μμ) gelegenen Wellenlängen wurde wegen der geringen Intensität der Spalt S_1 auf das Zehnfache verbreitert und von den Ablesungen an dem Spalte S_2 nur der zehnte Teil in Rechnung gezogen. Die so erhaltenen Spaltbreiten waren der Stärke der Elementarempfindung in den verschiedenen Teilen des benutzten Spektrum proportional. Die Messung wurde so oft (mindestens aber zehnmal) wiederholt, dafs überall der wahrscheinliche Fehler des Mittelwertes der eingestellten Spaltbreiten nur wenige Prozente seines absoluten Betrages erreichte. In der zweiten Kolumne der Tabelle III. sind diese Werte der Elementarempfindung H eingetragen, wobei eine willkürliche Mafseinheit zu Grunde gelegt worden ist.

Die Berechtigung zu jener erwähnten Reduktion auf ein Zehntel der Spaltbreite an den Enden des Spektrum, sowie zu der späteren Umrechnung auf das Interferenz-Spektrum und weiter auf das Sonnenlicht wurde durch besondere Versuche in der Art nachgewiesen, dafs in dem Dispersions-Spektrum des Gaslichtes das Intensitätsverhältnis zwischen einer Anzahl von Paaren in dem Spektrum weit auseinander gelegener Stellen bei geänderten Spaltbreiten mehrfach bestimmt und bei demselben Paare stets gleich erhalten wurde. Es war damit nachgewiesen, dafs in dem benutzten Intensitätsintervall die Relation zwischen der Stärke der Empfindung und der Intensität des Lichtes sich nicht mit der Wellenlänge ändert.[1]

Die dritte und vierte Kolumne der Tabelle III. geben die Resultate dieser Umrechnung mit Benutzung einer solchen Mafseinheit für die Elementarempfindung H, dafs immer

$$\int H \cdot d\lambda = 1000,$$

---

[1] Es wäre höchst wünschenswert, dafs diese Versuche bei gröfseren Intensitätsänderungen, als wir sie ausgeführt haben, an total Farbenblinden wiederholt würden, um zu sehen, ob auch dann die hier von uns gefundene Unabhängigkeit der spektralen Helligkeitsverteilung von der absoluten Intensität noch bestehen bleibt. Als die neueren Versuche des Hrn. E. Brodhun, die sich auf dichromatische und trichromatische Farbensysteme beziehen, diesen Wunsch nahegelegt hatten, war Hr. Beyssell bereits schwer erkrankt. Die Richtigkeit und die Berechtigung unserer Umrechnungen wird aber durch das Fehlen dieser Beobachtung, wenn überhaupt, so doch nur in einem so geringen Grade beeinflufst, dafs die Fehler für uns hier zu vernachlässigen sind.

wobei wir H als Funktion der Wellenlänge betrachten und 1 $\mu\mu$ als Einheit der Integrationsvariable festsetzen.

Es ist diese selbe Maſseinheit bei den auf Interferenz-Spektren bezüglichen Empfindungs-Kurven in allen folgenden Tabellen festgehalten worden.

Tabelle III.
(Hr. A. Beyssell.)

λ	H Dispersions-Spektrum des Gaslichtes	H Interferenz-Spektrum des Gaslichtes	H Interferenz-Spektrum des Sonnenlichtes
655 $\mu\mu$	0.049	0.034	0.006
631 „	0.241	0.188	0.045
619 „	0.582	0.484	0.133
610 „	1.43	1.248	0.392
600 „	2.53	2.417	0.836
590 „	3.46	3.341	1.345
580 „	5.17	5.272	2.376
570 „	6.97	7.639	3.989
560 „	8.10	9.417	5.684
550 „	9.06	11.327	8.025
540 „	9.36	12.477	10.093
530 „	8.83	12.597	12.016
520 „	7.76	11.881	13.772
510 „	5.38	8.862	12.801
500 „	3.42	6.038	10.765
490 „	1.64	3.100	6.737
480 „	1.00	2.016	5.290
474 „	0.518	1.085	3.239
464 „	0.284	0.633	2.312
454 „	0.101	0.239	1.097
448 „	0.035	0.085	0.446
437 „	0.008	0.017	0.110
420 „	0.003	0.008	0.070

In Fig. 3 stellt die ausgezogene Kurve die Elementar-Empfindungs-Kurve für das Interferenz-Spektrum des Sonnenlichtes dar. An ihrer Gestalt ist vor allem die Lage des

— 16 —

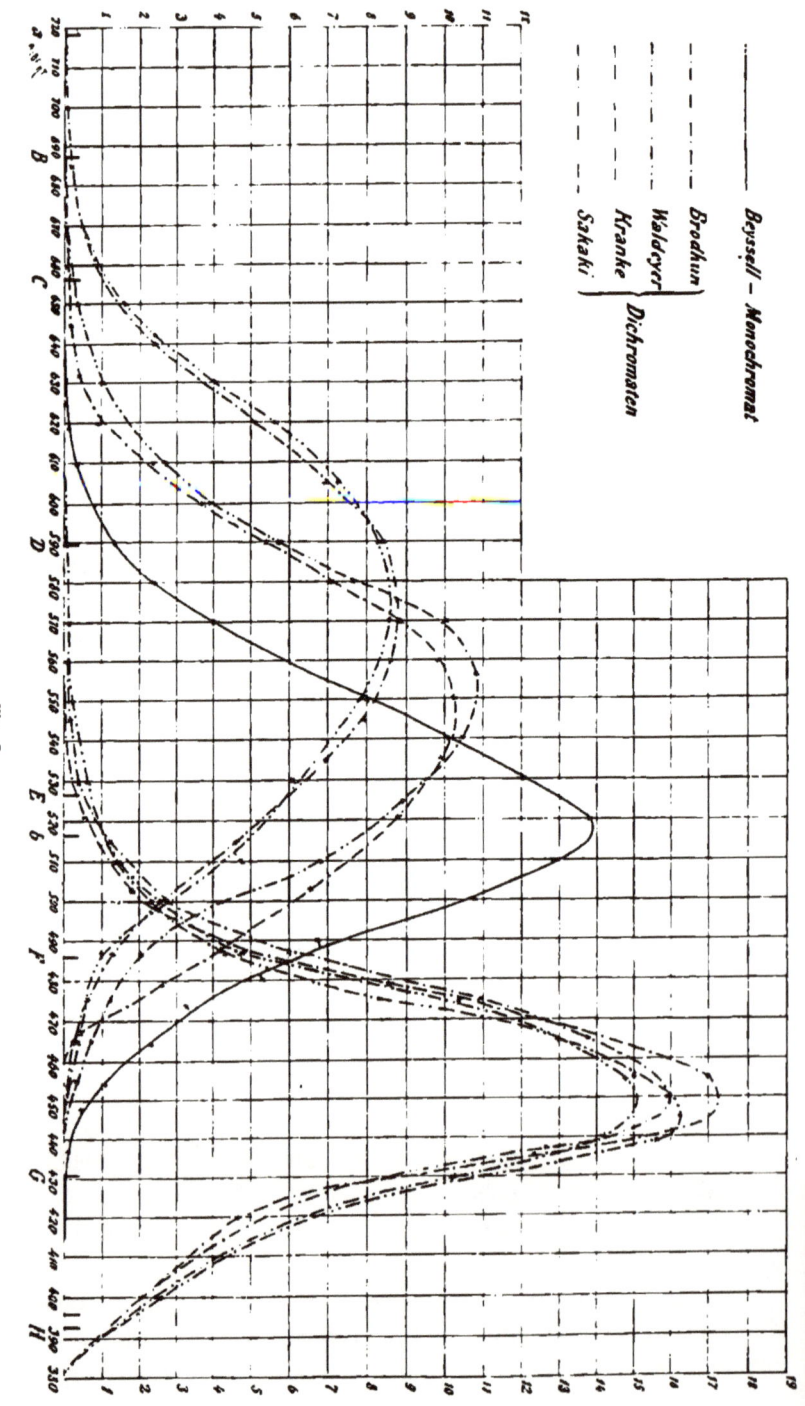

Fig. 3.

Maximum im Grünen auffallend. Es steht dieses aber auch in vollem Einklange mit der Aussage von Hrn. BEYSSELL, daſs für ihn die gewöhnlichen Darstellungen von Landschaften in Stahlstich niemals eine richtige Wiedergabe der Helligkeitsverhältnisse enthielten, da ihm Wiesen und Wälder fast immer die hellsten Gegenstände in einer Landschaft seien, dieses aber nicht mit der bildlichen Darstellung stimme. Es muſs für total farbenblinde Augen diese falsche Verteilung der Helligkeit noch viel auffallender sein, als für normale Augen der ähnliche Fehler in den gewöhnlichen Photographien, bei denen ja die blauen Gegenstände stets zu hell wiedergegeben sind; denn jenen erscheint beides, Gegenstand und Bild, im bloſsen Unterschied von Hell und Dunkel, während normale Augen bei den Gegenständen erst von der Mannigfaltigkeit der Farben absehen müssen, um sie mit dem Bilde zu vergleichen.

Bisher sind nur von DONDERS[1] und Hrn. E. HERING[2] bei je einem Falle angeborener Monochromasie gleiche Messungen, wie die vorliegende, gemacht. Das Ergebnis derselben stimmt, soweit sich aus den nur in Zeichnungen und nicht in Zahlen veröffentlichten Daten schlieſsen läſst, ziemlich gut mit den obigen Resultaten überein.[3] Es ist daher Berechtigung vorhanden, den von uns beobachteten Fall als typisch zu betrachten.

III. Dichromatische Farbensysteme.

§ 7. Allgemeine Eigenschaften dichromatischer Farbensysteme. Seit dem Ende des vorigen Jahrhunderts hat sich die Aufmerksamkeit immer mehr auf die Thatsache gerichtet, daſs neben den die groſse Mehrzahl bildenden nor-

---

[1] F. C. DONDERS, *New researches on the systems of coloursense*. Onderzoek, gedaan in het Physiol. Laborat. der Utrechtsche Hoogeschool, 3. de Reeks, D. VII, Bl. 95, und *Gräfes Archiv*, Bd. 30 (1). S. 15. 1884.

[2] E. HERING, *Pflügers Archiv*, Bd. 49, S. 563. 1891.

[3] Eine Vergleichung hat neuerdings Einer von uns genauer durchgeführt: A. KÖNIG, *Über den Helligkeitswert der Spektralfarben bei verschiedener absoluter Intensität*. Hamburg 1891. S. 51; (auch enthalten in *Beiträge zur Psychologie und Physiologie der Sinnesorgane*" (*Helmholtz-Festschrift*) S. 359, Hamburg 1891.)

malen (d. h. trichromatischen) Farbensystemen, sowie den oben näher besprochenen Personen, welche überhaupt keine Farben unterscheiden können, auch solche Farbensysteme vorhanden sind, bei denen gewisse Farben mit vollkommener Sicherheit erkannt werden, während andere häufigen Verwechselungen unterliegen. Th. Young[1] hat zuerst darauf hingewiesen, dafs hier alle Farben aus zwei geeignet zu wählenden Grundfarben zu mischen sind. Seit den Beobachtungen von A. Seebeck[2] und G. Wilson[3] ist das Vorhandensein von zwei ziemlich scharf abgegrenzten Typen in dieser Klasse von Farbensystemen nur selten bezweifelt worden. Man hat sie als „Rotblinde" resp. „Grünblinde" bezeichnet. Hr. E. Hering hat auf Grund seiner Farbentheorie beide Typen als „Rot-Grün-Blinde" aufgefafst. Eine dritte hierher gehörige Form der Farbenanomalie ist bisher nur von Hrn. Holmgren und Donders beobachtet worden. Es sind dieses die sog. „Violet-Blinden" (Blau-Gelb-Blinden nach Hrn. Hering), deren Zusammengehörigkeit zu einem scharf abgegrenzten Typus trotz der Beobachtung so hervorragender Forscher wohl noch nicht ganz sicher festgestellt erscheint.[4]

Einer genaueren quantitativen Messung sind von uns daher nur Vertreter der erstgenannten Typen unterzogen worden. Wenn also im folgenden von dichromatischen Farbensystemen gesprochen wird, so sind darunter nur die „Rotblinden" und „Grünblinden" zu verstehen.

Bei den dichromatischen Systemen bestehen an den Enden des Spektrum ziemlich scharf abgegrenzte Strecken, die „End-

---

[1] Th. Young, Note zu Daltons Abhandlung: „On some facts relating to the vision of colours" in dem von ihm herausgegebenen *Catalogue of works relating to natural philosophy and the mechanical arts*. Abgedruckt in Th. Young, *Lectures on Natural Philosophy and the Mech. Arts*. Vol. II, p. 315, London 1807.

[2] A. Seebeck, *Pogg. Ann.*, Bd. 42, S. 177. 1837.

[3] G. Wilson. *Monthly Journ. of Med. Science*, 1853—1855.

[4] Wir selbst hatten vor einiger Zeit Gelegenheit, einen Knaben zu untersuchen, dessen Beschreibung der Farbenfolge im Spektrum mit derjenigen der als „violetblind" bezeichneten Personen vollkommen übereinstimmte, und trotzdem ergab sich bei weiterer Untersuchung das Vorhandensein eines trichromatischen Farbensystems, das jedoch von den weiter unten zu erwähnenden Formen derselben ohne Zweifel sehr beträchtlich abwich. Leider liefsen häufige Widersprüche in den Angaben, sowie andere Umstände keine völlige Klarheit und Sicherheit gewinnen.

strecken", wie wir sie nennen wollen, innerhalb welcher keine Farben-, sondern nur Intensitätsunterschiede vorhanden sind, und durch deren Mischung sämtliche Nuancen des dazwischengelegenen Teiles des Spektrum, der „Mittelstrecke", erzeugt werden können. Auf Grund dieser Thatsache können wir die den beiden Endstrecken zukommenden Empfindungen als Elementarempfindungen annehmen und bezeichnen sie nach DONDERS' Vorgang als warm W, bezw. kalt K. Diese Annahme ist die einfachste, aber nicht die allein mögliche, denn man könnte den Thatsachen auch durch die Annahme genügen, dafs innerhalb einer oder beider Endstrecken zwei Elementarempfindungen in konstantem Verhältnis erregt werden. Die Durchführung einer solchen Annahme wird uns später (Abschnitt V) von den Elementarempfindungen zu den Grundempfindungen überleiten.

Da in der Mittelstrecke sich die Nuance kontinuierlich ändert, so mufs auch das Verhältnis der Komponenten in den gleich aussehenden, aus Licht der Endstrecken hergestellten Mischungen sich kontinuierlich ändern und alle möglichen Werte annehmen. Daher sind bei einem dichromatischen Farbensystem sämtliche überhaupt zur Empfindung gelangenden Farbennuancen in dem Spektrum vertreten, was auch mit der Erfahrung völlig übereinstimmt.

Diejenige Stelle im Spektrum, welche die Empfindung Weifs, d. h. die mit der Einwirkung des unzerlegten Sonnenlichtes auf das Auge verbundene Empfindung, erzeugt, nennt man den „neutralen Punkt".

§ 8. **Bestimmung der Elementar-Empfindungs-Kurven. Erste Methode.** Der einfachste Weg zur Bestimmung der Elementar-Empfindungs-Kurven ist der folgende.[1]

Bezeichnen wir mit L die in gleich breiten Ausschnitten

---

[1] Es ist dieses dem Prinzip nach dieselbe Methode, welche Hr. VAN DER WEYDE auf DONDERS' Vorschlag bei dichromatischen Systemen angewandt hat. — Vergl. F. C. DONDERS, *Proces-verbal der K. Akad. von Wetenschappen, Amsterdam. Afd. Natuurkunde.* Zitting van 26. Febr. 1881. — F. C. DONDERS, *Gräfes Archiv* Bd. 27 (1), S. 155. 1881. — J. A. VAN DER WEYDE. *Methodisch onderzoek der Kleurstelsels van Kleurblinden.* Onderzoekingen gedaan in het Physiol. Labor. der Utrechtsche Hoogeschool 3de Reeks D. VII. Bl. 1. 1881. J. A. VAN DER WEYDE, *Gräfes Archiv* Bd. 28. (1) S. 1. 1882.

des Spektrum enthaltenen Lichtmengen, ferner mit W und K die beiden darin vorkommenden Elementarempfindungen und beziehen die Indices λ_1 und λ_2 auf zwei bestimmte, in den Endstrecken gelegene, den Index λ auf eine beliebige in der Mittelstrecke gelegene Stelle des Spektrum, so läfst sich eine Farbengleichung darstellen durch die Relation

$$L_\lambda = a . L_{\lambda_1} + b . L_{\lambda_2}$$

worin a und b zwei nach einer weiter unten angeführten Methode experimentell zu bestimmende Koeffizienten bedeuten.

Weil nun in zwei gleich aussehenden Farben jede Elementarempfindung in gleicher Stärke enthalten sein mufs, so können wir in der Farbengleichung L sowohl durch W wie durch K ersetzen.

Da nach der obigen Festsetzung über die Elementarempfindungen

$$W_{\lambda_2} = 0$$
$$\text{und} \quad K_{\lambda_1} = 0,$$

so ergiebt sich

$$W_\lambda = a . W_{\lambda_1}$$
$$\text{und} \quad K_\lambda = b . K_{\lambda_2}$$

Weil nun aber die Lage des Ausschnittes ganz beliebig ist, so kann man für jede gewünschte Stelle in der Mittelstrecke die Werte von W und K bestimmen, wobei die Mafseinheit für jede Kurve zunächst willkürlich festzusetzen ist.

Die experimentelle Bestimmung der Koeffizienten a und b geschieht in folgender Weise:

Der Doppelspat K_1 bleibt am Ende des Kollimators C_1. Die Spaltbreite sei an diesem Rohre s_0. Dem Kollimatorrohre C_2 und dem Doppelspate K_2 seien solche Stellungen gegeben, dafs die Komponenten der entstehenden Mischung die Wellenlängen λ_1 und λ_2 besitzen. Der Nullpunkt an der Kreisteilung für das NICOLsche Prisma N_2 sei so gerechnet, dafs, wenn auf ihn der Index weist, die Prismenfläche 2 erleuchtet sei mit Licht der Wellenlänge λ_1; dann ist bei einer Drehung um 90° Licht der Wellenlänge λ_2 vorhanden.

Machen wir nun die für L noch erforderliche Festsetzung der Mafseinheit, indem von jetzt an L diejenige Lichtintensität bezeichne, mit der, durch den Okularspalt S gesehen, die Prismenfläche *1* resp. *2* erleuchtet scheint, wenn der betreffende Kollimatorspalt die Breite von $s = 1$ hat. Die gestrichenen Buchstaben beziehen sich im Folgenden auf den Kollimator C_2, die ungestrichenen auf C_1.

Es werden nun experimentell die Farbengleichungen

$$L'_{\lambda_1} \cdot s_1 = L_{\lambda_1} \cdot s_0$$
$$L'_{\lambda_2} \cdot s_2 = L_{\lambda_2} \cdot s_0$$

durch Bestimmung der Spaltbreiten s_1 und s_2 an dem Rohre C_2 hergestellt.

Auf den ersten Anblick mag es scheinen, als wenn s_1 und s_2 stets einander gleich sein müfsten, sobald nur, was hier thatsächlich der Fall war, das Licht, welches zur Erleuchtung der beiden Kollimatoren dient, dieselbe spektrale Zusammensetzung hat. Berücksichtigt man aber, dafs je nach der Polarisationsrichtung der Verlust durch Reflexion an den verschiedenen Flächen sich ändert, so sieht man sofort ein, dafs s_1 und s_2 nicht gleich sein können. Ihr Unterschied mufs auch von der Wellenlänge abhängig sein. Diese Reflexionsverluste lassen sich in Bezug auf das Prisma P, dessen Brechungs-Koeffizienten uns bekannt waren, genau berechnen, nicht aber in Bezug auf die Doppelspate K_1 und K_2, da hier Kittflächen, kleine innere Sprünge u. s. w. in Betracht kommen.

Die Intensitätsverschiedenheit der beiden Spektren, welche durch dasselbe Kollimatorrohr erzeugt wurden, nötigte nun auch bei dem Kollimatorrohre C_1, wo der Doppelspat K_1 dicht an den Spalt herangeschoben blieb, die Stellung des Nicolschen Prismas N_1 stets unverändert zu lassen, damit sämtliche Messungen und Mischungen auf dasselbe Spektrum bezogen waren. Wir wählten hierzu diejenige Einstellung des Nicolschen Prismas, durch welche bei einer eventuellen Verrückung des Doppelspates das nach der kurzwelligen Richtung hin verschobene Spektrum ausgelöscht gewesen wäre.[1]

---

[1] Für die an dieser Stelle besprochene Untersuchung der dichromatischen Systeme ist es gleichgültig, welche konstante Einstellung des Nicolschen Prismas benutzt wird; weiter unten, (in § 14) werden wir aber sehen, dafs die Wahl für die Untersuchung trichromatischer Farbensysteme durchaus nicht ohne Bedeutung ist.

Für die beliebige zwischen λ_1 und λ_2 gelegene Farbe λ sei nun gefunden, daſs, um durch Mischung von λ_1 und λ_2 den ihr gleichen Farbeneindruck, sowohl in Bezug auf Nuance wie Helligkeit, hervorzubringen, das Nicol.sche Prisma N_2 auf den Winkel α und der Spalt S_2 auf die Breite s gebracht werden müsse; es ist dann

$$L'_{\lambda_1} \cdot s \cdot \cos^2\alpha + L'_{\lambda_2} \cdot s \cdot \sin^2\alpha = L_\lambda \cdot s_0$$

oder mit Berücksichtigung der letzten Gleichungen:

$$L_{\lambda_1} \cdot \frac{s}{s_1} \cdot \cos^2\alpha + L_{\lambda_2} \cdot \frac{s}{s_2} \cdot \sin^2\alpha = L_\lambda.$$

Diese Gleichung verwandelt sich aber in die oben aufgestellte allgemeine Form der Farbengleichung

$$a \cdot L_{\lambda_1} + b \cdot L_{\lambda_2} = L_\lambda,$$

sobald man

$$\frac{s}{s_1} \cdot \cos^2\alpha = a$$

und $\dfrac{s}{s_2} \cdot \sin^2\alpha = b$ setzt.

Da sämtliche drei Werte von L sich auf das eine vom Kollimatorrohre C_1 herrührende Spektrum beziehen, so ist durch die vorgenommenen Bestimmungen eine **Farbengleichung zwischen Teilen desselben Spektrum hergestellt**. Zugleich ergiebt sich, daſs die Gleichung in **mathematischer Beziehung** unabhängig von der Spaltbreite s_0, d. h. von der absoluten Intensität ist. Die Frage, ob die hergestellten Farbengleichungen in **physiologischer** Hinsicht unabhängig von der absoluten Intensität seien, d. h. ob bei Vergröſserung oder Verkleinerung der Spaltbreite s_0 aus den dann eingestellten Werten von s, s_1, s_2 und α sich dieselben Werte von a und b ergeben, wurde sowohl bei dieser Methode, wie auch bei der zweiten Methode (§ 9) einer sorgfältigen Prüfung unterworfen. Es zeigte sich, daſs im allgemeinen eine solche Unabhängigkeit vorhanden war, wobei wir uns freilich darauf beschränkten, den Spalt s_0 auf die Hälfte zu verkleinern oder auf das Doppelte zu vergröfsern.[1]

In jeder der beiden Endstrecken ist der Verlauf der Elementar-Empfindungs-Kurven (ebenso wie es bei dem monochromatischen System geschah) durch Intensitätsvergleichung zu ermitteln.

---

[1] In der oben erwähnten vorläufigen Mitteilung über die Resultate dieser Untersuchung (*Sitzungsberichte der Berl. Akad.* vom 29. Juli 1886, S. 808) ist hier folgende Anmerkung gemacht:

„Nur wenn die Farbengleichungen solches Spektrallicht enthielten, welches stark von dem Pigment der Macula lutea absorbiert wird, zeigte sich eine bisher noch nicht näher bestimmte Abhängigkeit. Es wurde ihr Einfluss möglichst dadurch beseitigt, dafs man in diesem Teile des Spektrums die Intensität des in verschiedenen Mischungen benutzten Lichtes thunlichst gleich wählte. — Es darf hier ferner nicht unerwähnt bleiben, dafs bei einem fünften dichromatischen Systeme auch in anderen Teilen des Spektrums eine solche Unabhängigkeit von der Intensität nicht ganz sicher vorhanden zu sein schien. Es ist dieses System hier nicht weiter berücksichtigt worden, weil seine Durcharbeitung von dem Besitzer selbst, einem jungen Physiker, beabsichtigt wird, derselbe jedoch bisher die dazu erforderliche Mufse nicht gefunden hat."

Inzwischen hat einer der von uns untersuchten Dichromaten, Hr. Dr. Eugen Brodhun, wie in mehreren anderen Richtungen, so auch in dieser, sein eigenes Farbensystem auf das sorgfältigste untersucht und, freilich bei viel gröfserer Änderung der Intensität, auch eine stärkere Abhängigkeit der Farbengleichungen von der Intensität gefunden, als wir. (Vergl. A. König, *Sitzungsberichte der Berl. Akad.*, Sitzung vom 31. März 1887. S. 311.) Sodann hat Hr. E. Tonn in einer in der nächsten Zeit zu veröffentlichenden Untersuchung bei mehreren dichromatischen Systemen eine durchgehende Abhängigkeit der Koeffizienten a und b von der absoluten Intensität der benutzten Farben sicher konstatiert. Diese Abhängigkeit zeigt sich besonders bei niederen Intensitäten und schwindet assymptotisch bei der Zunahme der Intensität. Bei unseren hier angeführten Versuchen haben wir fast ausschliefslich mit ziemlich hohen Intensitäten und, wie schon gesagt, mit verhältnismäfsig geringen Intensitätsänderungen gearbeitet, und es ist uns daher diese Abhängigkeit fast völlig entgangen. Das oben erwähnte fünfte dichromatische Farbensystem, bei dem wir die einzige derartige Beobachtung machten, ist auch von Hrn. E Tonn untersucht und mit allen übrigen in Übereinstimmung gefunden worden. Wie es gekommen ist, dafs wir ausschliefslich hier und nicht auch bei den übrigen Farbensystemen die nur bedingte Richtigkeit des Newtonschen Mischungsgesetzes fanden, ist jetzt nachträglich nicht mehr klar zu stellen. — Die noch ausstehende Veröffentlichung der vollständigen Beobachtungsergebnisse der Hrn. E. Brodhun und E. Tonn wird die hier weiter in Betracht kommenden Einzelheiten ergeben, vor allem aber erweisen, dafs die von uns früher vermutete Beziehung zum Pigment der Macula lutea nicht vorhanden ist.

Sämtliche Farbengleichungen wurden so oft (mindestens aber zehnmal) aufs neue hergestellt, daſs in der Mittelstrecke der wahrscheinliche Fehler für die Koeffizienten a und b, in den Endstrecken der für die Spaltbreiten nicht mehr als einige Prozent ihres Wertes betrug.

Die beiden so erhaltenen Elementar-Empfindungs-Kurven bezogen sich auf das Dispersions-Spektrum der Leuchtgasflamme und wurden dann in derselben Weise wie bei dem monochromatischen Farbensystem auf das Interferenz-Spektrum des Gas- und Sonnenlichtes umgerechnet. Der bisher noch willkürliche Maſsstab der Ordinaten wurde dann ebenfalls in der Art geändert, daſs unter den oben festgesetzten Annahmen für die Längeneinheit die von jeder Kurve und der Abscissenachse umschlossene Fläche in den Interferenz-Spektren den Inhalt 1000 erhielt.

Es ist wohl zu beachten, daſs die Gleichsetzung der beiden Flächen, d. h. der Auslösungsstärke der beiden Elementarempfindungen durch das Gas- resp. Sonnenlicht hier nur eine rein rechnerische Operation ist, da wir gänzlich davon absehen, die Helligkeit der Elementarempfindungen zu bestimmen und in unsere Rechnung einzuführen.[1]

Nach der hier beschriebenen Methode haben wir nur ein dichromatisches Farbensystem, das des Hrn. Assessor L. KRANKE, untersucht.

In der Tabelle IVa. sind zuerst die Beobachtungen mitgeteilt. Der Beobachtungssatz I bezieht sich auf die langwellige Endstrecke des Spektrum, wobei die Koeffizienten a in beliebiger Festsetzung so angegeben sind, daſs für die Wellenlänge $\lambda = 632\,\mu\mu$ der Wert $a = 1$ angenommen ist. Es muſs hier ausdrücklich bemerkt werden, daſs Hr. KRANKE das Intervall $590\,\mu\mu$ bis $550\,\mu\mu$ nicht mehr für völlig gleichfarbig erklärte. Es hätte dieser Teil des Spektrum also bereits der Mittelstrecke zugerechnet werden müssen, aber ein Versuch, die dann erforderlichen Koeffizienten a und b zu bestimmen, mislang wegen der jedenfalls sehr geringen Beträge von b, welche zu ihrer Bestimmung sicherere Einstellungen erforderten, als sie Hr. KRANKE bei der Kürze der Zeit, die er unserer Untersuchung

---

[1] Vergl. E. BRODHUN, *Beiträge zur Farbenlehre*. Inaug.-Diss. Berlin 1887.

widmen konnte, sich einzuüben vermochte. Der Satz II umfaſst hauptsächlich die Mittelstrecke, doch enthält er in den Wellenlängen 535 $\mu\mu$ und 455 $\mu\mu$ noch solche Punkte, welche mit Rücksicht auf die eben genannten Umstände bei der Berechnung als Punkte der Endstrecken zu behandeln waren. Der Satz III endlich bezieht sich nur auf die kurzwellige Endstrecke, wobei die Intensität bei 430 $\mu\mu$ als Einheit zu Grunde gelegt worden ist. In den Überschriften zu diesen Tabellen ist bereits die im folgenden ständig benutzte Bezeichnung eingeführt, wonach eine an L, W, K u. s. w. als Index zugefügte Zahl angiebt, auf welche Wellenlänge (in $\mu\mu$ gemessen) der betreffende Wert Bezug hat. Die auſserdem bei W benutzten Indices 1 und 2 beziehen sich auf die beiden Typen der dichromatischen Farbensysteme und werden weiter unten besprochen werden.

In der Berechnung ist $W_{632} = 2.000$ angenommen worden und dann aus dem Beobachtungssatze I der ganze Zug der Empfindungskurve W von 670 $\mu\mu$ bis 550 $\mu\mu$ berechnet. Aus diesen Werten wurde dann W_{555} graphisch interpoliert und zu 11.200 gefunden. Hieraus und mit Benutzung der Thatsache, daſs $W_{436} = 0$ ist, wurde sodann aus Satz II. der weitere Verlauf der Kurve nach einer oben angegebenen Formel berechnet. Die Elementar-Empfindungs-Kurve K wurde zunächst nach Satz II in der Mittelstrecke unter Annahme von $K_{436} = 4.600$ in analoger Weise berechnet, dann $K_{440} = 5.468$ durch graphische Interpolation gefunden und nunmehr der Verlauf der K-Kurve in der kurzwelligen Endstrecke nach Satz III bestimmt.

Hier und in allen folgenden Berechnungen ist jedesmal die Nummer des betreffenden Beobachtungssatzes, welcher die benutzten Farbengleichungen enthält, oben links in Klammern beigefügt.

Die so erhaltenen Werte sind dann in der zweiten und dritten Kolumne der Tabelle IVb. zusammengestellt. Die folgenden Kolumnen enthalten die auf das Interferenz-Spektrum des Gas- resp. Sonnenlichtes, unter Zugrundelegung des oben erwähnten Maſsstabes, umgerechneten Werte von W und K. Bei dem Interferenz-Spektrum des Sonnenlichtes sind noch die Werte W_{720}, W_{700}, W_{685} und K_{400} hinzugefügt. Wie dieselben erhalten worden sind, soll weiter unten (S. 37, 70 und 71) noch besonders erwähnt werden.

Tabelle IVa.

(Hr. L. Kranke.)

Beobachtungen.	Berechnung.						
	Elementarempfindung W_2			Elementarempfindung K			

I.

$L\lambda = a \cdot L_{632}$

λ	a
670 µµ	0.1245
660 „	0.2075
645 „	0.5995
632 „	1.0000
620 „	1.7740
610 „	3.7735
600 „	5.1025
590 „	6.0925
580 „	6.695
570 „	6.705
560 „	6.100
550 „	5.045

II.

$L\lambda = a \cdot L_{555} + b \cdot L_{436}$

λ	a	b
555 µµ	1.—	0.—
535 „	0.6325	0.—
521 „	0.4712	0.595
503 „	0.1779	0.895
487.5 „	0.0767	1.644
479 „	0.0374	2.256
467.5 „	0.00477	2.601
455 „	0.—	2.278
436 „	0.—	1.—

III.

$L\lambda = a \cdot L_{430}$

λ	a
440 µµ	1.604
430 „	1.—
420 „	0.3522

(I.)

λ	Annahme	Berechnung
670 µµ	—	0.249
660 „	—	0.415
645 „	—	1.199
632 „	2.00	—
620 „	—	3.548
610 „	—	7.547
600 „	—	10.205
590 „	—	12.185
580 „	—	13.390
570 „	—	13.410
560 „	—	12.200
550 „	—	10.090

(II.)

λ	Annahme aus I.	Berechnung
555 µµ	11.20	—
535 „	—	7.084
521 „	—	5.277
503 „	—	1.993
487.5 „	—	0.859
479 „	—	0.419
467.5 „	—	0.053
455 „	—	0.—
436 „	0.—	0.—

(II.)

λ	Annahme	Berechnung
555 µµ	0.—	—
535 „	—	0.000
521 „	—	2.740
503 „	—	4.120
487.5 „	—	7.564
479 „	—	10.376
467.5 „	—	11.966
455 „	—	10.720
436 „	4.60	—

(III.)

λ	Annahme aus II.	Berechnung
440 µµ	5.468	—
430 „	—	3.407
420 „	—	1.200

Tabelle IVb.

(Hr. L. Kranke.)

	Ordinaten der Elementar-Empfindungs-Kurven.					
	Dispersions-Spektrum des Gaslichtes		Interferenz-Spektrum des Gaslichtes		Interferenz-Spektrum des Sonnenlichtes	
λ	W_2	K	W_2^r	K	W_2	K
720 $\mu\mu$	—	—	—	—	(0.002)	—
700 ,,	—	—	—	—	(0.006)	—
685 ,,	—	—	—	—	(0.012)	—
670 ,,	0.249	—	0.126	—	0.027	—
660 ,,	0.415	—	0.221	—	0.051	—
645 ,,	1.199	—	0.689	—	0.192	—
632 ,,	2.000	—	1.231	—	0.414	—
620 ,,	3.548	—	2.328	—	0.919	—
610 ,,	7.547	—	5.230	—	2.367	—
600 ,,	10.205	—	7.423	—	3.703	—
590 ,,	12.185	—	9.339	—	5.418	—
580 ,,	13.390	—	10.839	—	7.043	—
570 ,,	13.410	—	11.558	—	8.784	—
560 ,,	12.200	—	11.259	—	9.798	—
550 ,,	10.090	—	10.014	—	10.225	—
535 ,,	7.084	—	7.758	—	9.901	—
521 ,,	5.277	2.740	5.403	2.196	8.806	0.581
503 ,,	1.993	4.120	2.734	4.424	6.555	1.804
487.5 ,,	0.859	7.564	1.310	9.030	4.226	4.921
479 ,,	0.419	10.376	0.674	13.085	2.604	8.542
467.5 ,,	0.053	11.966	0.093	16.277	0.451	13.401
455 ,,	—	10.720	—	15.685	—	16.982
436 ,,	—	4.600	—	7.547	—	12.317
430 ,,	—	3.407	—	5.590	—	10.213
420 ,,	—	1.200	—	2.166	—	4.628
400 ,,	—	—	—	—	—	(2.288)

In Fig. 3 sind die für die beiden Elementarempfindungen des Hrn. KRANKE erhaltenen Werte (Interferenz-Spektrum des Sonnenlichtes) eingezeichnet und die Punkte durch möglichst glatte Kurvenführung (— — · — — · — — · — —·) miteinander verbunden.

§ 9. **Bestimmung der Elementar-Empfindungs-Kurven. Zweite Methode.** Die im vorigen Paragraphen beschriebene Methode leidet praktisch an zwei Übelständen. Erstens sind infolge des weiten Abstandes der beiden mit den Indices λ_1 und λ_2 belegten Stellen im Spektrum die numerischen Werte der Koeffizienten a und b nicht immer mit der wünschenswerten Genauigkeit zu bestimmen, da bereits eine kleine Änderung in der Größe des in diesen Koeffizienten (siehe Seite 22) enthaltenen Winkels α ihren Wert nicht unbeträchtlich ändert und die Ablesung von α an dem vorhandenen Apparate nicht über eine gewisse Genauigkeit gesteigert werden konnte. Ferner liegen bei weitem Abstande eines Doppelspates von dem betreffenden Kollimatorspalt (und das ist hier der Fall) die beiden in dem Rohre B erzeugten Spektren nicht mehr in einer Ebene; dadurch werden sowohl die Bestimmungen der Wellenlänge der Mischungs-Komponenten etwas unsicher, wie auch die von dem Okularspalte S durchgelassenen Teile der Spektren weniger homogen. Bei dem nach der ersten Methode untersuchten dichromatischen Farbensystem traten diese Übelstände nicht so sehr hervor, weil dort aus den früher angegebenen Gründen der Beobachtungssatz II, welcher die Mittelstrecke umschloß, nur mäßig weit auseinanderliegende Mischungs-Komponenten enthielt.

Bei den drei übrigen näher untersuchten Systemen, deren Besitzer alle in genauer Beobachtung bereits geschult waren, wurde daher eine theoretisch verwickeltere, praktisch aber ergiebigere Methode eingeschlagen.

In schematischer Darstellung ist dieses Verfahren, welches von Fall zu Fall aus äußeren Gründen etwas modifiziert wurde, das folgende:

L, W und K haben dieselbe Bedeutung wie oben; die Indices I und VII bezeichnen bestimmte Wellenlängen in den Endstrecken, II bis VI solche in der Mittelstrecke. Es wurden dann gebildet die Farbengleichungen

$$L_{II} = a_2 \cdot L_I + b_2 \cdot L_V \ \dots \dots \dots \dots \text{ 1)}$$
$$L_{III} = a_3 \cdot L_I + b_3 \cdot L_V \ \dots \dots \dots \dots \text{ 2)}$$
$$L_{IV} = a_4 \cdot L_I + b_4 \cdot L_V \ \dots \dots \dots \dots \text{ 3)}$$
$$L_{IV} = a'_4 \cdot L_{III} + b'_4 \cdot L_{VII} \ \dots \dots \dots \text{ 4)}$$
$$L_V = a_5 \cdot L_{III} + b_5 \cdot L_{VII} \ \dots \dots \dots \text{ 5)}$$
$$L_{VI} = a_6 \cdot L_{III} + b_5 \cdot L_{VII} \ \dots \dots \dots \text{ 6)}$$

Aus den Gleichungen 4), 5) und 6) ergiebt sich, wenn L durch W ersetzt wird und man berücksichtigt, daſs $W_{VII} = 0$ ist,

$$W_{IV} = a'_4 \cdot W_{III} \ \dots \dots \dots \dots \text{ 7)}$$
$$W_V = a_5 \cdot W_{III} \ \dots \dots \dots \dots \text{ 8)}$$
$$W_{VI} = a_6 \cdot W_{III} \ \dots \dots \dots \dots \text{ 9)}$$

Ersetzt man in den Gleichungen 2) und 3) L durch W und benutzt die Gleichungen 7) und 8), so kann man drei verschiedene Ausdrücke für W_I ableiten, nämlich

$$W_I = \frac{a'_4 - b_4 \cdot a_5}{a_4} \cdot W_{III}$$

$$W_I = \frac{1 - b_3 \cdot a_5}{a_3} \cdot W_{III}$$

$$W_I = \frac{b_4 - a'_4 \cdot b_3}{a_6 \cdot b_4 - a_4 \cdot b_3} \cdot W_{III},$$

welche bei vollkommen genauer Bestimmung der Koeffizienten a und b numerisch gleiche Werte ergeben müſsten, was jedoch infolge der Beobachtungsfehler nicht mit voller Strenge der Fall sein wird. Daſs die Abweichungen trotz der gleichzeitigen Benutzung von Farbenmischungen, welche oftmals Licht derselben Wellenlänge in verschiedenen Intensitäten enthielten, nur gering waren, ist der beste Beweis für die bei unseren Mischungen jedenfalls nur unbedeutende Abhängigkeit der Farbengleichungen von der absoluten Intensität.

Unter Benutzung des aus den drei Einzelwerten gewonnenen Mittelwertes von W_I wurde dann aus Gleichung 1) der Wert von W_{II} berechnet. In der Endstrecke, welche die mit dem Index I bezeichnete Stelle enthält, wurde der Verlauf der (zunächst noch in der Mafseinheit des beliebig anzunehmenden Wertes W_{III} dargestellten) Elementar-Empfindungs-Kurve W wie bei der ersterwähnten Methode durch Intensitäts-Vergleichungen erhalten.

Die Bestimmung der Elementar-Empfindungs-Kurve K geschah in völlig analoger Weise.

Diese Methode wurde benutzt bei den dichromatischen Farbensystemen der Hrn. Geh. Rat W. WALDEYER, E. BRODHUN und Dr. HASIMÈ SAKAKI. Die Beobachtungen, Berechnungen und Resultate dieser Untersuchungen sind in den Tabellen Va., Vb., VIa., VIb., VIIa. und VIIb. enthalten.

Die Anordnung der Beobachtungen bei Hrn. W. WALDEYER (Tabelle Va. und Vb.) schliefsen sich am nächsten an die oben gegebene schematische Darstellung an. Die Wellenlängen 510 $\mu\mu$, 500 $\mu\mu$ und 487 $\mu\mu$ kommen in den beiden Beobachtungssätzen II und III vor, sie entsprechen den obigen mit den Indices III, IV und V versehenen Stellen im Spektrum. Man sieht, dafs bei der Berechnung die drei für $W_{642.5}$ erhaltenen Werte nicht wesentlich von einander differieren; die drei Werte für K_{440} stimmen noch besser. Der wahrscheinliche Fehler des Mittelwertes von $W_{642.5}$ beträgt ungefähr 2 %, der von K_{440} ungefähr $^3/_4$ %. Abgesehen davon, dafs diese Fehler von derselben Gröfsenordnung sind wie die Fehler der Koeffizienten a und b, kommt auch noch in Betracht, dafs sie für den Hauptteil der betreffenden Kurve nur den Mafsstab beeinflussen, also durch die spätere Reduktion auf gleiche Fläche wieder im wesentlichen herausfallen.

Die Beobachtungen des Hrn. E. BRODHUN (Tabelle VIa. und VIb.) sind in ähnlicher Weise geordnet; es sind hier vier Punkte des Spektrum in beiden Beobachtungssätzen enthalten (es mufs freilich jedesmal ein Wert durch graphische Interpolation gewonnen werden). Der wahrscheinliche Fehler für W_{640} beträgt ungefähr 1 %, der für K_{438} ungefähr $1^1/_3$ %.

Bei Hrn. H. SAKAKI (Tabelle VIIa. und VIIb.) sind drei Beobachtungssätze gemacht worden, welche auf die Mittelstrecke Bezug haben. Es ist daher hier das dieser Methode eigentümliche Verfahren zur Berechnung der Ordinate einer der Mischungs-Komponenten zweimal für jede Elementarempfindung erforderlich. An der einen Stelle sind drei Punkte gemeinsam, und der wahrscheinliche Fehler der Mittelwerte berechnet sich sowohl für W_{590} wie für K_{439} auf ungefähr 1 %. An der zweiten

Stelle ist nur ein Punkt gemeinsam und daher über den wahrscheinlichen Fehler der so erhaltenen Werte von W_{670} und K_{487} nichts auszusagen, doch ist ersichtlich, daſs selbst Fehler, wie sie im Maximum den sonstigen Einzelbestimmungen dieser Art zukommen, keinen solchen Einfluſs auf die Form der beiden Elementar-Empfindungs-Kurven haben können, daſs irgend eine der später gezogenen Schluſsfolgerungen dadurch berührt würde.

Der Verlauf der Elementar-Empfindungs-Kurve W in dem Intervall von 670 $\mu\mu$ bis 720 $\mu\mu$ wurde nur bei den Hrn. E. BRODHUN und H. SAKAKI bestimmt, und da er (unter Annahme von $W_{670} = 1$) in beiden Fällen als der gleiche befunden wurde, so haben wir dieses auch für den in Bezug auf dieses Intervall nicht untersuchten Hrn. WALDEYER, sowie den im vorigen Paragraphen besprochenen Hrn. KRANKE angenommen und dementsprechend W_{685}, W_{700} und W_{720} für das Interferenz-Spektrum des Sonnenlichtes berechnet.[1] Wegen der Werte von K_{400} verweisen wir auf § 17 (S. 70 und 71). Daſs die betreffenden Zahlen nicht auf direkter Beobachtung beruhen, ist durch ihre Einklammerung angedeutet.

Ebenso wie bei Hrn. KRANKE sind auch bei diesen drei Farbensystemen die erhaltenen Werte der Elementarempfindungen für das Interferenz-Spektrum des Sonnenlichtes in Fig. 3 (S. 16) eingetragen und die Punkte durch Kurven (E. BRODHUN —·—·—, W. WALDEYER —··—··—, H. SAKAKI ··———··———··) untereinander verbunden.

§ 10. **Folgerungen aus der Gestalt der Elementar-Empfindungs-Kurven.** Bei einer graphischen Aufzeichnung der acht Elementar-Empfindungs-Kurven, wie sie in Fig. 3 geschehen ist, zeigt sich sofort, daſs die vier Kurven K bis auf geringe individuelle und von Beobachtungsfehlern herrührende Abweichungen bei allen vier Personen die gleiche Gestalt haben, während bei den Kurven W zwei Formen heraustreten. Der ersten Form gehören die Kurven der Hrn. W. WALDEYER und E. BRODHUN an, der zweiten Form diejenigen der Hrn. L. KRANKE und H. SAKAKI. Weniger genau durchgeführte

---

[1] Über den Verlauf des Intensitätsabfalles in dem Intervall von 660 $\mu\mu$ bis 720 $\mu\mu$ bei dichromatischen und trichromatischen Farbensystemen wird demnächst Einer von uns besondere Beobachtungen veröffentlichen.

Tabelle Va.

(Hr. W. WALDEYER.)

Beobachtungen.	Berechnung Elementarempfindung W_1			Berechnung Elementarempfindung K		
	(III.)			(II.)		
I. $L_\lambda = a \cdot L_{670}$	λ	Annahme	Berechnung	λ	Annahme	Berechnung
λ \ a	440 $\mu\mu$	0.—	—	642.5 $\mu\mu$	0.—	—
670 $\mu\mu$ \ 1.—	455 „	—	0.0075	620 „	—	0.236
650 „ \ 1.775	465 „	—	0.0218	605 „	—	0.465
630 „ \ 4.310	475 „	—	0.0488	590 „	—	0.440
	487 „	—	0.1120	570 „	—	0.858
	500 „	—	0.3779	550 „	—	1.120
II. $L_\lambda = a \cdot L_{642.5} + b \cdot L_{487}$	510 „	1.—	—	530 „	—	2.129
				510 „	—	2.910
λ \ a \ b	(II.)			500 „	—	3.807
	λ	Annahmen aus III.	Berechnung	487 „	5.00	—
642.5 $\mu\mu$ \ 1.— \ 0.—				(III.)		
630 „ \ 1.317 \ 0.—	487 $\mu\mu$ 1)	0.1120	—	λ	Annahmen aus II.	Berechnung
620 „ \ 1.526 \ 0.0473	500 „ 2)	0.3779	—			
605 „ \ 1.524 \ 0.0936	510 „ 3)	1.—	—	510 $\mu\mu$ 1)	2.910	—
590 „ \ 1.263 \ 0.0881			(1.2) 8.516	500 „ 2)	3.807	—
570 „ \ 0.9208 \ 0.1716			(1.3) 7.924	487 „ 3)	5.000	—
550 „ \ 0.5437 \ 0.2252	642.5 „	—	(2.3) 7.752			(1.2) 4.071
530 „ \ 0.2701 \ 0.4246			Mittel 8.064			(1.3) 4.195
510 „ \ 0.1180 \ 0.5821	530 „	—	2.226	440 „	—	(2.3) 4.223
500 „ \ 0.0344 \ 0.7614	550 „	—	4.409			Mittel 4.164
487 „ \ 0.— \ 1.—	570 „	—	7.444			
	590 „	—	10.549	475 „	—	8.01
III. $L_\lambda = a \cdot L_{510} + b \cdot L_{440}$	605 „	—	11.938	465 „	—	7.63
	620 „	—	12.300	455 „	—	6.62
λ \ a \ b	630 „	—	10.620			
510 $\mu\mu$ \ 1.— \ 0.—	(I.)					
500 „ \ 0.3779 \ 0.6649	λ	Annahme aus II.	Berechnung			
487 „ \ 0.1120 \ 1.114						
475 „ \ 0.0488 \ 1.890	630 $\mu\mu$	10.620	—			
465 „ \ 0.0218 \ 1.819	650 „	—	5.983			
455 „ \ 0.0075 \ 1.586	670 „	—	2.465			
440 „ \ 0.— \ 1.—						

Tabelle Vb.

(Hr. W. Waldeyer.)

Ordinaten der Elementar-Empfindungs-Kurven.

λ		Dispersions-Spektrum des Gaslichtes		Interferenz-Spektrum des Gaslichtes		Interferenz-Spektrum des Sonnenlichtes	
		W_1	K	W_1	K	W_1	K
720	$\mu\mu$	—	—	—	—	(0.026)	—
700	„	—	—	—	—	(0.099)	—
685	„	—	—	—	—	(0.204)	—
670	„	2.465	—	1.423	--	0.471	—
650	„	5.983	—	3.821	—	1.610	—
642.5	„	8.064	—	5.351	—	2.398	—
630	„	10.620	—	7.521	—	4.045	—
620	„	12.300	0.236	9.190	0.170	5.600	0.001
605	„	11.938	0.468	10.009	0.359	7.234	0.029
590	„	10.549	0.440	9.199	0.367	8.244	0.038
570	„	7.444	0.858	7.295	0.816	8.567	0.110
550	„	4.409	1.126	4.978	1.173	7.852	0.212
530	„	2.226	2.123	2.867	2.523	6.090	0.615
510	„	1.000	2.910	1.487	3.993	4.784	1.475
500	„	0.378	3.807	0.603	5.599	2.392	2.552
487	„	0.112	5.000	0.195	8.026	0.996	4.707
475	„	0.049	8.011	0.092	13.872	0.596	10.348
465	„	0.022	7.637	0.014	14.089	0.348	12.903
455	„	0.007	6.621	0.016	12.990	0.157	14.768
440	„	—	4.164	—	8.925	—	14.142
400	„	—	—	—	—	—	(2.343)

Tabelle VIa.

(Hr. E. Brodhun.)

Beobachtungen.	Berechnung.					
	Elementarempfindung W_1			Elementarempfindung K		

I.

$L_\lambda = a \cdot L_{670}$

λ	a
720 μμ	0.1142
700 „	0.3231
685 „	0.5705
670 „	1.—
660 „	1.4618
640 „	3.005

II.

$L_\lambda = a \cdot L_{640} + b \cdot L_{487}$

λ	a	b
640 μμ	1.—	0.—
620 „	1.496	0.0170
605 „	1.581	0.0768
590 „	1.424	0.1086
575 „	1.123	0.0975
560 „	0.8067	0.1095
545 „	0.5380	0.1351
530 „	0.3035	0.2392
515 „	0.1362	0.4412
500 „	0.04286	0.6588
487 „	0.—	1.—

III.

$L_\lambda = a \cdot L_{535} + b \cdot L_{438}$

λ	a	b
535 μμ	1.—	0
515 „	0.3930	0.617
500 „	0.1427	1.191
487 „	0.0523	1.752
475 „	0.0189	2.382
465 „	0.0058	2.302
450 „	0.—	1.768
438 „	0.—	1.—

Elementarempfindung W_1

(III.)

λ	Annahme	Berechnung
438 μμ	0.—	—
450 „	—	0.000
465 „	—	0.014
475 „	—	0.047
487 „	—	0.131
500 „	—	0.357
515 „	—	0.983
535 „	2.50	—

(II.)

λ	Annahmen aus III.	Berechnung
530 μμ	1) 2.040	
515 „	2) 0.983	
500 „	3) 0.357	
487 „	4) 0.131	
640 „	—	(1.2) 6.564
		(1.3) 6.634
		(1.4) 6.617
		(2.3) 6.916
		(2.4) 6.788
		(3.4) 6.310
		Mittel: 6.638
545 „	—	3.590
560 „	—	5.370
575 „	—	7.468
590 „	—	9.464
605 „	—	10.505
620 „	—	9.932

(I.)

λ	Annahme aus II.	Berechnung
640 μμ	6.638	—
660 „	—	3.229
670 „	—	2.209
685 „	—	1.260
700 „	—	0.713
720 „	—	0.252

Elementarempfindung K

(II.)

λ	Annahme	Berechnung
640 μμ	0.—	—
620 „	—	0.085
605 „	—	0.384
590 „	—	0.543
575 „	—	0.487
560 „	—	0.548
545 „	—	0.676
530 „	—	1.196
515 „	—	2.206
500 „	—	3.294
487 „	5.00	—

(III.)

λ	Annahmen aus II.	Berechnung
535 μμ	1) 1.00	
515 „	2) 2.206	
500 „	3) 3.294	
487 „	4) 5.00	
438 „	—	(1.2) 2.939
		(1.3) 2.646
		(1.4) 2.824
		(2.3) 2.579
		(2.4) 2.820
		(3.4) 2.883
		Mittel: 2.782
475 „	—	6.646
465 „	—	6.410
450 „	—	4.919

Tabelle VIb.

(Hr. E. Brodhun.)

Ordinaten der Elementar-Empfindungs-Kurven.

λ	Dispersions-Spektrum des Gaslichtes		Interferenz-Spektrum des Gaslichtes		Interferenz-Spektrum des Sonnenlichtes	
	W_1	K	W_1	K	W_1	K
720μμ	0.252	—	0.140	—	0.031	—
700 „	0.713	—	0.423	—	0.100	—
685 „	1.260	—	0.789	—	0 208	—
670 „	2.209	—	1.477	—	0.480	—
660 „	3.229	—	2.270	—	0.797	—
640 „	6.638	—	5.176	—	2.407	—
620 „	9.932	0.085	8.583	0.071	5.122	0.005
605 „	10.505	0.384	9.814	0.348	6.891	0.030
590 „	9.464	0.543	9.553	0.532	8.385	0.057
575 „	7.468	0.487	8.207	0.520	8.716	0.068
560 „	5.370	0.548	6 527	0.647	8 594	0.104
545 „	3.590	0.676	4.833	0.884	7.932	0.178
535 „	2.500	—	3.610	—	6.971	—
530 „	—	1.196	—	1.732	—	0.409
515 „	0.983	2.206	1.630	3.552	4.608	1.228
500 „	0.357	3.294	0.659	5.903	2.562	2.809
487 „	0.131	5.000	0.264	9.780	1.319	5.988
475 „	0.047	6.646	0.103	14.023	0.656	10 920
465 „	0.014	6.410	0.032	14.410	0.250	13.775
450 „	—	4.919	—	11.879	—	15.886
438 „	—	2.782	—	7.358	—	12.605
400 „	—	—	—	—	—	(2.048)

Tabelle VIIa.
(Hr. H. Sakaki.)

Beobachtungen.	Berechnung.				
	Elementarempfindung W_2		Elementarempfindung K		

I.

$L_\lambda = a \cdot L_{670}$

λ	a
720 $\mu\mu$	0.1145
700 „	0.2967
685 „	0.5563
670 „	1.—

II.

$L_\lambda = a \cdot L_{670} + b \cdot L_{556}$

λ	a	b
670 $\mu\mu$	1.—	0.—
650 „	3.773	0.—
630 „	7.928	0.—
610 „	14.598	0.—
600 „	17.795	0.—
590 „	20.30	0.0575
580 „	19.83	0.2165
570 „	19.56	0.2910
556 „	0.—	1.—

III

$L_\lambda = a \cdot L_{590} + b \cdot L_{487}$

λ	a	b
590 $\mu\mu$	1.—	0.—
556 „	0.9601	0.1150
540 „	0.6498	0.2422
525 „	0.3779	0.4101
510 „	0.1801	0.6203
500 „	0.0665	0.7593
487 „	0.—	1.—

IV.

$L_\lambda = a \cdot L_{510} + b \cdot L_{439}$

λ	a	b
510 $\mu\mu$	1.—	0.—
500 „	0.4585	0.4692
487 „	0.1626	0.9276
475 „	0.07142	1.391
465 „	0.03087	1.624
455 „	0.01138	1.498
445 „	0.—	1.224
439 „	0.—	1.—

(IV.)

λ	Annahme	Berechnung
439 $\mu\mu$	0.—	—
445 „	—	0.—
455 „	—	0.023
465 „	—	0.062
475 „	—	0.143
487 „	—	0.325
500 „	—	0.917
510 „	2.00	—

(III.)

λ	Annahmen aus IV.	Berechnung
487 $\mu\mu$	1) 0.325	—
500 „	2) 0.917	—
510 „	3) 2.000	—
590 „	—	(1.2) 10.074 (1.3) 9.988 (2.3) 10.484 Mittel 10.182
525 „	—	3.981
540 „	—	6.695
556 „	—	9.813

(II.)

λ	Annahmen aus III.	Berechnung
556 $\mu\mu$	9.813	—
590 „	10.182	—
670 „	—	0.474
570 „	—	12.129
580 „	—	11.521
600 „	—	8.433
610 „	—	6.918
630 „	—	3.757
650 „	—	1.788

(I.)

λ	Annahme aus II.	Berechnung
670 $\mu\mu$	0.474	—
685 „	—	0.264
700 „	—	0.141
720 „	—	0.054

(II.)

λ	Annahme	Berechnung
670 $\mu\mu$	0.—	—
590 „	—	0.058
580 „	—	0.216
570 „	—	0.291
556 „	1.00	—

(III.)

λ	Annahmen aus II.	Berechnung
590 $\mu\mu$	0.058	—
556 „	1.000	—
487 „	—	8.155
540 „	—	2.014
525 „	—	3.366
510 „	—	5.069
500 „	—	6.196

(IV.)

λ	Annahmen aus III.	Berechnung
510 $\mu\mu$	1) 5.069	—
500 „	2) 6.169	—
487 „	3) 8.155	—
439 „	—	(1.2) 8.251 (1.3) 7.902 (2.3) 7.828 Mittel: 7.993
475 „	—	11.485
465 „	—	13.140
455 „	—	12.040
445 „	—	9.785

Tabelle VIIb.
(Hr. H. Sakaki.)

Ordinaten der Elementar-Empfindungs-Kurven.

λ	Dispersions-Spektrum des Gaslichtes		Interferenz-Spektrum des Gaslichtes		Interferenz-Spektrum des Sonnenlichtes	
	W_2	K	W_2	K	W_2	K
720 $\mu\mu$	0.054	—	0.026	—	0.004	—
700 „	0.141	—	0.072	—	0.013	—
685 „	0.264	—	0.143	—	0.027	—
670 „	0.474	—	0.275	—	0.065	—
650 „	1.788	—	1.145	—	0.345	—
630 „	3.757	—	2.666	—	1.026	—
610 „	6.918	—	5.465	—	2.735	—
600 „	8.433	—	6.993	—	3.854	—
590 „	10.182	0.058	8.897	0.027	5.708	0.003
580 „	11.521	0.216	10.632	0.108	7.639	0.012
570 „	12.129	0.291	11.918	0.154	10.016	0.020
556 „	9.813	1.000	10.605	0.582	10.817	0.091
540 „	6.695	2.014	8.083	1.311	10.423	0.259
525 „	3.981	3.366	5.324	2.426	8.914	0.622
510 „	2.000	5.069	2.982	4.073	6.867	1.436
500 „	0.917	6.196	1.465	5.336	4.163	2.321
487 „	0.325	8.155	0.567	7.666	2.074	4.290
475 „	0.143	11.485	0.269	11.694	1.251	8.324
465 „	0.062	13.140	0.124	14.196	0.736	12.892
455 „	0.023	12.040	0.049	13.829	0.347	15.004
445 „	—	9.785	—	11.916	—	16.262
439 „	—	7.993	—	10.107	—	15.600
400 „	—	—	—	—	—	(2.585)

Messungen an mehreren anderen dichromatischen Farbensystemen ergaben immer eine Zugehörigkeit zu einer dieser beiden Formen, so daſs man dieselben als typisch ansehen muſs, um so mehr, als auch bei anderen Untersuchungs-Methoden eine Scheidung sämtlicher dichromatischen Systeme in zwei Gruppen vorgenommen werden muſs, welche mit der hier sich zeigenden Trennung zusammenfällt.

Die beiden Typen der Kurven W wollen wir von jetzt an (was in den Überschriften der Tabellen schon geschehen ist) durch die zugefügten Indices 1 und 2 unterscheiden.

Wir haben also, soweit unsere Untersuchungen und die bisher veröffentlichten, auf genauen quantitativen Messungen beruhenden Ergebnisse anderer Beobachter reichen, scharf und bestimmt zwei Formen dichromatischer Farbensysteme zu unterscheiden.

Bei näherer Betrachtung der Elementar-Empfindungs-Kurven ergiebt sich ferner noch, daſs in der Gegend von ca. 500 $\mu\mu$ — 470 $\mu\mu$ ganz unverkennbar eine Abweichung von dem glatten Kurvenverlaufe vorhanden ist. Die Verringerung der Ordinaten in diesem Bereiche rührt von der Absorption des Lichtes in dem Pigmente der Macula lutea her. Die Stärke dieser Absorption ist bei den verschiedenen Personen sehr verschieden.

Bezeichnen wir mit λ_n die Wellenlänge desjenigen Spektrallichtes, welches als Abscisse dem Schnittpunkt der beiden Elementar-Empfindungs-Kurven in einem dichromatischen Farbensystem zukommt, so gilt infolge des für die Ordinaten eingeführten Maſsstabes die Gleichung

$$\frac{W_{\lambda_n}}{\int W.d\lambda} = \frac{K_{\lambda_n}}{\int K.d\lambda}$$

oder

$$\frac{\int W.d\lambda}{\int K.d\lambda} = \frac{W_{\lambda_n}}{K_{\lambda_n}}$$

Es ist also λ_n die Wellenlänge desjenigen Spektrallichtes, welches dieselbe Empfindung verursacht wie das unzerlegte Licht, d. h. für das betreffende Farbensystem liegt bei λ_n der oben schon erwähnte neutrale Punkt, wenn die Werte von W und K sich auf das Sonnenlicht beziehen.

Bei den untersuchten dichromatischen Systemen läfst sich die annähernde Übereinstimmung [1] der Wellenlänge dieses durch Rechnung und Zeichnung gewonnenen Schnittpunktes sowohl für Gas- wie auch für Sonnenlicht mit der Wellenlänge des aus direkter Beobachtung (Vergleichung des unzerlegten Lichtes mit monochromatischem) gefundenen als Bestätigung für die Richtigkeit der erhaltenen Elementar-Empfindungs-Kurven ansehen.

Dafs die Lage des neutralen Punktes nicht unter die sicheren Unterscheidungsmerkmale der beiden Typen aufgenommen werden kann,[2] ist eine Folge des durch die Absorption in der Macula verursachten Überwiegens der individuellen Verschiedenheiten der Kurven W über die typischen Verschiedenheiten gerade an der hier in Betracht kommenden Stelle des Spektrum.

DONDERS identifiziert, ohne direkt mit der Erfahrung in Widerspruch zu kommen, bei den dichromatischen Farbensystemen das, was hier Elementarempfindung genannt ist, mit seinen „Fundamentalfarben"; und die in den oben zitierten Arbeiten des Hrn. VAN DER WEYDE angegebenen Intensitäts-Kurven der Fundamentalfarben in dichromatischen Systemen zeigen ein völliges Zusammenfallen der Kurven für die „kalte Fundamentalfarbe" mit unseren Kurven K. Hingegen weichen die beiden Kurven der „warmen Fundamentalfarben" von unseren Kurven W_1 und W_2 in der Weise ab, dafs ihre Maxima nach dem kurzwelligen Ende des Spektrum verschoben sind. Die Unterschiede sind jedoch derart, dafs sie zum kleineren Teile durch Beobachtungsfehler, zum gröfseren Teile aber wohl durch eine Verschiedenheit in der Zusammensetzung des

---

[1] Eine genaue Übereinstimmung kann nicht erwartet werden, weil sowohl bei Gas- wie auch bei Sonnenlicht diese aus direkter Beobachtung gefundene Stelle mit steigender Intensität nach dem blauen Ende des Spektrums sich verschiebt. Der Austrag der Kontroverse, die sich über die von der Intensität abhängige Lage des neutralen Punktes zwischen Hrn. E. HERING und Einem von uns (K) entsponnen hat, mufs einem anderen Orte vorbehalten bleiben. In der schon oben erwähnten Arbeit des Hrn. E. TONN wird demnächst das diese Frage klärende Beobachtungsmaterial veröffentlicht werden.

[2] A. KÖNIG, *Wied. Ann.* Bd. 22, S. 567. 1884, und *Gräfes Archiv* Bd. 30 (2) S. 155. 1884.

Sonnenlichtes zu erklären sind.[1] Bei den schlank sich erhebenden Kurven K wird der letztere Umstand fast gar keinen Einfluſs haben.

IV. Trichromatische Farbensysteme.

§ 11. Allgemeine Eigenschaften trichromatischer Farbensysteme. Diese Farbensysteme sind die weitaus häufigsten, indem fast allen Frauen und etwa 96% der Männer ein solches System zukommt. Die natürliche Folge hiervon ist, daſs die Farbenbezeichnungen und -unterscheidungen der Sprachen aller Völker sich den Empfindungen angepaſst haben, welche bei trichromatischen Farbensystemen entstehen. Hierauf beruht ein groſser Teil der Schwierigkeiten, mit welchen die genaue Untersuchung der bisher besprochenen Systeme zu kämpfen gehabt hat und gegenwärtig auch wohl bei solchen Beobachtern noch zu kämpfen hat, die sich über den psychologischen Ursprung der Farbenbezeichnungen nicht völlig klar sind.

Zuerst durch Lord RAYLEIGH[2] und später durch DONDERS[3] ist nachgewiesen worden, daſs aber auch die trichromatischen Farbensysteme untereinander beträchtlich verschieden sind und mindestens in zwei bisher durch keine nachweisbaren Übergänge verbundene Gruppen zu scheiden sind. Die erste Gruppe ist die weitaus zahlreichste, während die zweite sicher konstatierte Gruppe nicht häufiger vertreten zu sein scheint als die dichromatischen Systeme, da wir unter 70 darauf untersuchten Trichromaten nur drei Vertreter dieser Gruppe fanden. Daſs solche Verschiedenheiten der trichromatischen Systeme erst in dem letzten Jahrzehnt beobachtet sind, beruht in noch weit höherem Maſse auf der Schwierigkeit der Untersuchung,

---

[1] Hr. VAN DER WEYDE benutzte als Lichtquelle eine in den Fensterrahmen eingesetzte matte Glasscheibe, welche wahrscheinlich unter den von ihm angegebenen Verhältnissen Licht von bläulicherem Farbenton ausstrahlte, als das bei uns von direktem Sonnenlicht beleuchtete Magnesiumoxyd.

[2] RAYLEIGH, *Nature* Vol. XXV S. 64 1881. (Gelesen vor der Section A der British Association. Sept. 2. 1881.)

[3] F. C. DONDERS, *Onderzoek*. u. s. w. 3de REEKS D. VIII Bl. 170 und du Bois-Reymonds *Archiv für Physiol.* Jahrgang 1884. S. 518.

die wir soeben hinsichtlich der Dichromaten erwähnt haben, da hier die Abweichungen unvergleichlich geringer sind als dort. Ja, es ist sogar sehr unwahrscheinlich, daſs durch die alltägliche Erfahrung des Lebens ohne besondere darauf hinzielende Farbenmischversuche eine Verschiedenheit der trichromatischen Farbensysteme je gefunden wäre.

Ehe wir an eine gesonderte Besprechung dieser beiden Gruppen gehen, wollen wir uns mit ihren gemeinsamen Eigenschaften beschäftigen. Wir werden hierbei eine wesentliche Erleichterung dadurch haben, daſs wir uns an den allgemeinen Sprachgebrauch anlehnen können.

Bereits NEWTON [1] hat angedeutet, daſs sich die Gesamtheit der Farben — er kannte nur trichromatische Systeme — auf einer Ebene, der sogenannten Farbentafel, anordnen läſst, und zwar in einer solchen Weise, daſs das nach ihm benannte Gesetz der Farbenmischung Gültigkeit bekommt. Später haben dann GRASSMANN, MAXWELL, Hr. v. HELMHOLTZ und Hr. E. HERING die Theorie dieser Farbentafel weiter entwickelt bezw. durch Experimente geprüft.

Da wir uns bei unseren Versuchen im wesentlichen auf die Benutzung von nur einer Intensität beschränkten und auch alle Gleichungen bei thunlichst ausgeruhtem Auge herstellten, so hat die neuerdings aufgeworfene Frage,[2] ob es gerechtfertigt ist, „die geometrische Anordnung der objektiven Lichter nach der Qualität ihrer Reizwerte oder optischen Valenzen mit einer geometrischen Anordnung der Qualitäten der Lichtempfindungen" zu identifizieren, für uns an dieser Stelle keine Bedeutung; denn was wir „Elementarempfindung" nennen, ist nach Hrn. HERINGs Bezeichnung nichts anderes als eine „optische Valenz". Erst ganz am Schlusse unserer Darlegung werden wir uns mit weitergehenden Fragen zu beschäftigen haben.

Aus der Schwerpunkts-Konstruktion in der NEWTONschen Farbentafel ergiebt sich nun ohne weiteres, daſs wir hier **wenigstens drei Elementarempfindungen** annehmen müssen. Wir wollen uns nun aber auch auf die Annahme von nur drei Elementarempfindungen beschränken, da wir oben als leitenden

---

[1] J. NEWTON, *Optice*. Lib. I. P. II. Prop. VI.
[2] E. HERING, Über NEWTONS Gesetz der Farbenmischung. *Lotos*. Bd. VII. 1887.

Grundsatz die Reduktion auf eine möglichst geringe Zahl solcher Empfindungselemente ausgesprochen haben.

Die einzige Einschränkung, welche sich uns für die Wahl der Elementarempfindungen aus der Newtonschen Farbentafel ergiebt, besteht darin, dafs das von den drei Punkten, welche den gewählten Elementarempfindungen entsprechen, gebildete Dreieck die Kurve der homogenen Lichter völlig enthält. Letztere ist eine ungeschlossene Kurve; verbinden wir ihre beiden Enden durch eine Gerade, so entspricht diese den Purpurfarben, und die nunmehr umgrenzte Fläche enthält alle Farben, welche durch Mischungen von Spektrallichtern, also überhaupt durch Licht, zu erzielen sind. Die Teile des Elementar-Empfindungs-Dreieckes, welche aufserhalb dieser Fläche liegen, sind also ideal, d. h. kein objektiv vorhandenes Licht entspricht ihnen.

Da in einem sehr grofsen Teile des Spektrum die Mischung zweier Lichter stets geringere Sättigung zeigt, als die zwischenliegenden an Nuance gleichen homogenen Lichter, woraus sich eine konvexe Gestalt dieses Teiles der Kurve der Spektrallichter in der Farbentafel ergiebt, so läfst sich das oben erwähnte ideale Gebiet der Farbentafel nicht völlig vermeiden; und es können — welche Wahl wir auch treffen — höchstens zwei Elementarempfindungen wirklich im Spektrum vertreten sein. Es ist deshalb die Analyse trichromatischer Farbensysteme in experimenteller Hinsicht besonders schwierig.

Ebenso wie bei den dichromatischen Farbensystemen zeigt sich auch bei den trichromatischen, dafs an den Enden des Spektrum die Farbe sich in einem ziemlich ausgedehnten Bereiche nur der Intensität nach ändert. Diese beiden Teile des Spektrum wollen wir wieder als „Endstrecken" bezeichnen und die durch sie ausgelösten Empfindungen, also spektrales Rot und Violet, als zwei der erforderlichen drei Elementarempfindungen wählen. Dieselben seien mit R und V bezeichnet.

An die beiden Endstrecken schliefst sich dann nach der Mitte des Spektrum hin je eine Region an, in der jeder Farbenton durch Mischung der an der inneren Grenze gelegenen Spektralfarbe mit Licht der anstofsenden Endstrecke erzeugt werden kann. Es sind dieses gewissermafsen dichromatische Bezirke, die wir „Zwischenstrecken" nennen. Zu der in der anstofsenden Endstrecke vorhandenen reinen Elementarempfin-

dung ist hier die dritte Elementarempfindung, welche wir mit
G bezeichnen wollen, hinzugetreten, so dafs also in der ersten
Zwischenstrecke die Elementarempfindungen R und G, in der
zweiten G und V vorhanden sind. In dem von beiden Zwischenstrecken umschlossenen Teil des Spektrum, den wir „Mittelstrecke" nennen, werden alle drei Elementarempfindungen ausgelöst.

Dafs die in einer Zwischenstrecke zu der Elementarempfindung der anstofsenden Endstrecke hinzutretende Elementarempfindung nicht diejenige der anderen Endstrecke sein
kann, geht aus der Erfahrungsthatsache hervor, dafs man
keine Nuance der Zwischenstrecken aus Licht der beiden
Endstrecken mischen kann. Es mufs also eine von diesen
beiden verschiedene Elementarempfindung sein, und zwar
in beiden Zwischenstrecken dieselbe, weil wir sonst im ganzen
vier Elementarempfindungen hätten, deren Vorhandensein (bei
den von uns gemachten Festsetzungen) einem Farbensystem
von vierfacher Mannigfaltigkeit entsprechen würde, was mit der
Erfahrung im Widerspruch steht.

Die Grenzen dieser Strecken ergeben sich aus unseren
Beobachtungen mit sehr geringen individuellen Unterschieden
als die folgenden:[1]

Erste Endstrecke...... Äufserstes Rot — 655 $\mu\mu$
„ Zwischenstrecke ... ... 655 $\mu\mu$ — 630 „
Mittelstrecke............. ...... 630 „ — 475 „
Zweite Zwischenstrecke....... 475 „ — 430 „
„ Endstrecke............ 430 „ — Äufserstes Violet,

wobei hervorgehoben werden mufs, dafs die Grenze zwischen
der ersten Zwischenstrecke und der Mittelstrecke (630 $\mu\mu$) und
besonders die Grenze zwischen der zweiten Zwischenstrecke
und der zweiten Endstrecke (430 $\mu\mu$) nur ungenau zu bestimmen
sind, erstere infolge der Unempfindlichkeit des Auges für kleine
Sättigungsunterschiede in dieser Gegend des Spektrum, letztere
wegen der geringen Intensität am kurzwelligen Ende des benutzten Lampen-Dispersions-Spektrum.[2]

---

[1] Die von J. J. MÜLLER (*Gräfes Arch.* Bd. 15 (2), S. 208. 1869. hierüber gemachten Angaben stehen mit unseren Erfahrungen und denjenigen
sämtlicher übrigen Beobachter im Widerspruch.

[2] Es ist sogar möglich, dafs für trichromatische Farbensysteme
eine kurzwellige Endstrecke überhaupt nicht existiert, so dafs also das

Der erstere dieser beiden Umstände war uns insofern noch sehr hinderlich, als wir dadurch, wie wir weiter unten sehen werden, genötigt waren, die Bestimmung der Elementar-Kurve V nach einer ganz abweichenden Methode auszuführen.

Eine vollkommene Durcharbeitung des Farbensystems haben wir an vier Personen vorgenommen, an uns beiden selbst, dann an Hrn. Dr. L. ZEHNDER und an dem inzwischen verstorbenen Prof. O. BECKER. Die Untersuchungs-Methoden wurden natürlich zuerst an unserem eigenen Farbensystem herausgefunden und erprobt. Dann erst wandten wir sie auf die beiden anderen Personen an. Es zeigte sich jedoch, dafs bei ihnen mehrere Vereinfachungen vorgenommen werden mufsten, weil die Untersuchung sonst zu zeitraubend geworden wäre, und auch vorgenommen werden konnten, da eine gleiche Schärfe der Einstellung, insbesondere hinsichtlich der Vermeidung von spurweisen Sättigungsunterschieden, bei den im Vergleich zu uns naturgemäfs in solchen Beobachtungen Ungeübten doch nicht zu erzielen war. Hier mag aber bereits mit Nachdruck darauf hingewiesen sein, dafs hierdurch (vergl. § 23, S. 97) die Schlufsergebnisse der vorliegenden Abhandlung durchaus nicht beeinflufst werden.

Wie oben schon erwähnt, haben wir aufserdem die zur Unterscheidung der verschiedenen Gruppen der Trichromaten besonders geeignete Farbengleichung noch von etwa 70 anderen Personen herstellen lassen.

Wir beide, die fortan in den Tabellen nur mit K und D bezeichnet sind, gehören, wie sich weiter unten ergeben wird, den normalen Trichromaten, Hr. L. ZEHNDER und Prof. O. BECKER den anomalen Trichromaten an.

§ 12. **Die Komplementärfarben und ihre Bestimmung.** Als komplementär gefärbt werden zwei Lichter bezeichnet, welche, in geeignetem Verhältnis miteinander gemischt, Weifs ergeben. Wir schliefsen uns nun hier der oben in § 3 gegebenen Definition von „weifsem" Licht an und bezeichnen also nunmehr als „Komplementärfarben" ein Farbenpaar, welches, in erforderlichem Verhältnis gemischt, dieselbe Empfindung

Spektrum bis zum letzten sichtbaren Ende seinen Farbenton stets ändert. Versuche mit einer viel helleren Lichtquelle, als wir sie benutzen konnten, vermögen hierüber allein Aufklärung zu schaffen. Es würde sich in diesem Falle auch die G-Kurve bis an das Ende des Spektrum erstrecken, freilich mit s e h r kleinen Ordinaten.

erzeugt, wie das von einer mit „Normalweifs" überzogenen Fläche reflektierte Licht der am unbewölkten Himmel stehenden Mittagssonne.

Zu einer bestimmten Farbe, z. B. zu einem spektralen roten Lichte ist nicht nur eine bestimmte andere spektrale Farbe komplementär, sondern auch jede Mischung dieser Farbe mit Weifs; und umgekehrt ist zu jeder dieser Farben nicht nur jenes spektrale rote Licht, sondern eine beliebige seiner unendlich vielen Mischungen mit Weifs komplementär. Man hat also homogene und zusammengesetzte Komplementärfarben zu unterscheiden. Im Folgenden wollen wir aber, wenn nichts anderes ausdrücklich bemerkt ist, unter „Komplementärfarben" ausschliefslich homogene Komplementärfarben verstehen.

In der NEWTONschen Farbentafel sind zu Weifs diejenigen Lichter mischbar, welche auf einer jeden durch den Weifs-Punkt gehenden Geraden zu verschiedenen Seiten des Weifs-Punktes liegen. Die homogenen Komplementärfarben sind die Schnittpunkte einer solchen Geraden mit der die Spektralfarben enthaltenden Kurve. Da diese Kurve nicht geschlossen ist, so ergiebt sich unmittelbar, dafs der mittlere Teil des Spektrum keine homogenen Komplementärfarben haben kann.

Wenn wir an Stelle des Sonnenlichtes das unzerlegte Licht der bei unserer Untersuchung benutzten Triplex-Gaslampe setzen, so erhalten wir analoge Farbenpaare, die wir als „Lampen-Komplementärfarben" bezeichnen wollen. Ihre Anordnung auf der Farbentafel ist eine ganz ähnliche; nur ist der gemeinsame Schnittpunkt der unendlich vielen Geraden, von welchen jede die einander komplementären Lichter enthält, nicht der Weifs-Punkt, sondern derjenige Punkt, der der Farbe des gelblich-weifsen Gaslichtes entspricht. Die Kenntnis der „Lampen-Komplementärfarben" war, wie sich weiter unten ergiebt, für die Durchführung unserer Untersuchung von grofser Bedeutung, und die Bestimmung ist in experimenteller Hinsicht wegen der gröfseren Konstanz der Lichtquelle und der steten Verfügbarkeit über dieselbe leichter auszuführen als diejenige der „Komplementärfarben für Sonnenlicht".

Die experimentelle Anordnung zur Ermittelung der Wellenlänge komplementärer homogener Farben, sowohl für Sonnen- als auch für Gaslicht, war die folgende: An die Prismenfläche *1* (Fig. 1) wurde ein mit „Normalweifs" überzogenes

Glimmerblatt so angeklebt, dafs, durch den Spalt S des Okularrohres betrachtet, sein rechter geradlinig abgeschnittener Rand genau mit der vorderen Kante des Prismas zusammenfiel. Ein Strahlenbündel direkten Sonnenlichts oder ein Kegel von Gaslicht wurde dann so auf dasselbe gelenkt, dafs der durch S sichtbare Teil desselben völlig gleichmäfsig beleuchtet war. Vermittelst des Kollimatorrohres C_2 wurde nun die Prismenfläche 2 mit einem solchen Mischlicht erfüllt, dafs sie mit dem Glimmerblatte völlig gleich erschien. Es wurde dann das Glimmerblatt entfernt, und nunmehr, während das Nicolsche Prisma N_2 nacheinander auf die beiden Polarisationsrichtungen von K_2 gedreht war, durch Vergleich mit dem jetzt erleuchteten und in der oben angegebenen Weise kalibrierten Kollimatorrohre C_1, dessen Doppelspat K_1 dicht an S_1 herangeschoben war, die Wellenlänge der beiden Mischungs-Komponenten bestimmt. Damit war ein Paar Komplementärfarben gewonnen.

Durch Wiederholung dieser Farbengleichung bei geeigneter Änderung in der Stellung von K_2 konnte eine beliebige Anzahl von Paaren gewonnen werden.

Wir beide haben vollständige Reihen für Sonnen- und für Gaslicht ausgeführt. Hingegen haben Prof. O. BECKER und Hr. L. ZEHNDER die Bestimmungen wegen des grofsen Zeitaufwandes, den sie erforderten, nur für Gaslicht und auch hier nur in sehr geringer Zahl ausgeführt.

Die erhaltenen Resultate sind in den Tabellen VIII und IX zusammengestellt.

In Fig. 4 ist eine graphische Darstellung dieser Komplementärfarben-Paare in der bekannten Weise ausgeführt, dafs jedes Paar durch einen Punkt repräsentiert ist, als dessen Abscisse die Wellenlänge λ_1 des einen Lichtes und als dessen Ordinate diejenige λ_2 des anderen genommen ist. Die Punkte liegen bei jeder der vier gröfseren Reihen in einer ziemlich glatten Kurve. Die Gestalt dieser Kurve hat, wie dieses auch bei den früheren von den Hrn. H. v. HELMHOLTZ,[1] M. v. FREY und J. v. KRIES[2] ausgeführten völlig analogen Bestimmungen der

---

[1] H. HELMHOLTZ, *Pogg Ann.* Bd. 94. S. 1. 1855 (Abgedr. in *Wiss. Abhandl.* Bd. II. S. 45. Leipzig 1883.)

[2] M. v. FREY und J. v. KRIES, *du Bois-Reymonds Arch.* Jahrg. 1881. S. 336.

Tabelle VIII.
Komplementärfarben für Sonnenlicht.

A. König		C. Dieterici.	
λ_1	λ_2	λ_1	λ_2
675.0 μμ	496.5 μμ	670.0 μμ	494.3 μμ
663.0 „	495.7 „	660.0 „	494.0 „
650.0 „	496.7 „	650.0 „	494.3 „
638.0 „	495.9 „	635.0 „	494.0 „
615.3 „	496.0 „	626.0 „	493.1 „
582.6 „	483.6 „	610.0 „	492.2 „
578.0 „	476.6 „	588.0 „	485.9 „
576.0 „	467.0 „	585.7 „	485.7 „
574.5 „	455.0 „	578.0 „	476.6 „
573.0 „	450.0 „	575.6 „	470.0 „
		571.5 „	455.0 „
		571.3 „	448.0 „
		571.4 „	442.0 „

Fall ist, sehr grofse Ähnlichkeit mit einem Zweige einer gleichseitigen Hyperbel; nur ist hier der Verlauf schon im Endlichen, nämlich da, wo die eine Komponente des Komplementärfarben-Paares einer der beiden Endstrecken angehört, geradlinig. Da diese gradlinigen Teile, wie wir sogleich sehen werden, für uns von besonderem Werte waren, so haben wir uns bei Prof. Becker und bei Hrn. L. Zehnder lediglich auf ihre Bestimmung beschränkt und den mittleren Teil der Kurven, aus dem wir beim gegenwärtigen Stand unserer Kenntnisse doch keine Schlufsfolgerungen ziehen können, vernachlässigt. In Fig. 4 konnten wir von diesen beiden Beobachtern nur diejenigen Bestimmungen eintragen, bei welchen wir für beide Komponenten des Komplementärfarben-Paares die Wellenlänge genau bestimmt hatten. Wie aus der Tabelle IX. hervorgeht, ist für die roten Komponenten nur konstatiert worden, dafs sie in der langwelligen Endstrecke lagen. Zur Einzeichnung in Fig. 4 fehlt uns also die Kenntnis des Abscissenwertes.

Tabelle IX.

Komplementärfarben für Gaslicht.

A. König		C. Dieterici		L. Zehnder		O. Becker	
λ_1	λ_2	λ_1	λ_2	λ_1	λ_2	λ_1	λ_2
711.3 µµ	516.2 µµ	713.0 µµ	511.6 µµ	>670 µµ	506.0 µµ	>660 µµ	512.4 µµ
701.0 „	516.2 „	697.5 „	512.0 „	>670 „	501.5 „	635.7 „	512.4 „
688.0 „	516.8 „	680.6 „	511.7 „	>670 „	505.1 „	—	—
678.0 „	516.3 „	679.0 „	512.7 „	>670 „	504.3 „	606.6 „	485.0 „
669.0 „	516.9 „	667.0 „	512.4 „	—	—	602.8 „	470.0 „
640.0 „	515.2 „	662.0 „	511.3 „	600.0 „	477.0 „	603.1 „	465.7 „
632.0 „	514.3 „	655.0 „	512.1 „	601.7 „	467.5 „		
626.8 „	513.7 „	645.4 „	512.5 „	601.2 „	459.0 „		
615.0 „	510.8 „	626.4 „	510.0 „				
602.1 „	505.0 „	604.6 „	504.7 „				
596.4 „	499.0 „	595.8 „	498.9 „				
593.8 „	492.0 „	595.0 „	498.8 „				
592.2 „	487.2 „	591.5 „	490.7 „				
591.8 „	486.5 „	591.0 „	490.4 „				
590.9 „	481.0 „	590.5 „	485.5 „				
590.0 „	476.0 „	588.6 „	484.0 „				
589.5 „	464.0 „	588.5 „	478.7 „				
590.0 „	450.0 „	587.5 „	473.0 „				
590.0 „	444.0 „	586.9 „	463.0 „				
588.2 „	440.0 „	585.7 „	443.0 „				

Bei den nach unten gehenden Hyperbel-Ästen für die Hrn. Zehnder und Becker liegen die Punkte in Fig. 4 keineswegs in einem so glatten Verlauf wie bei unseren eigenen auf derselben Figur eingetragenen Kurven, aber die Führung der Kurven ist doch ziemlich eindeutig gegeben, da sie in ihrem allgemeinen Charakter nicht viel von den unsrigen abweichen können.

Bezeichnen wir mit λ_1 und λ_2 die Wellenlängen eines Paares von Spektralfarben, die nach der oben benutzten Bezeichnung für Lampenlicht komplementär sind, und nennen wir c einen nur von diesen beiden Wellenlängen abhängigen

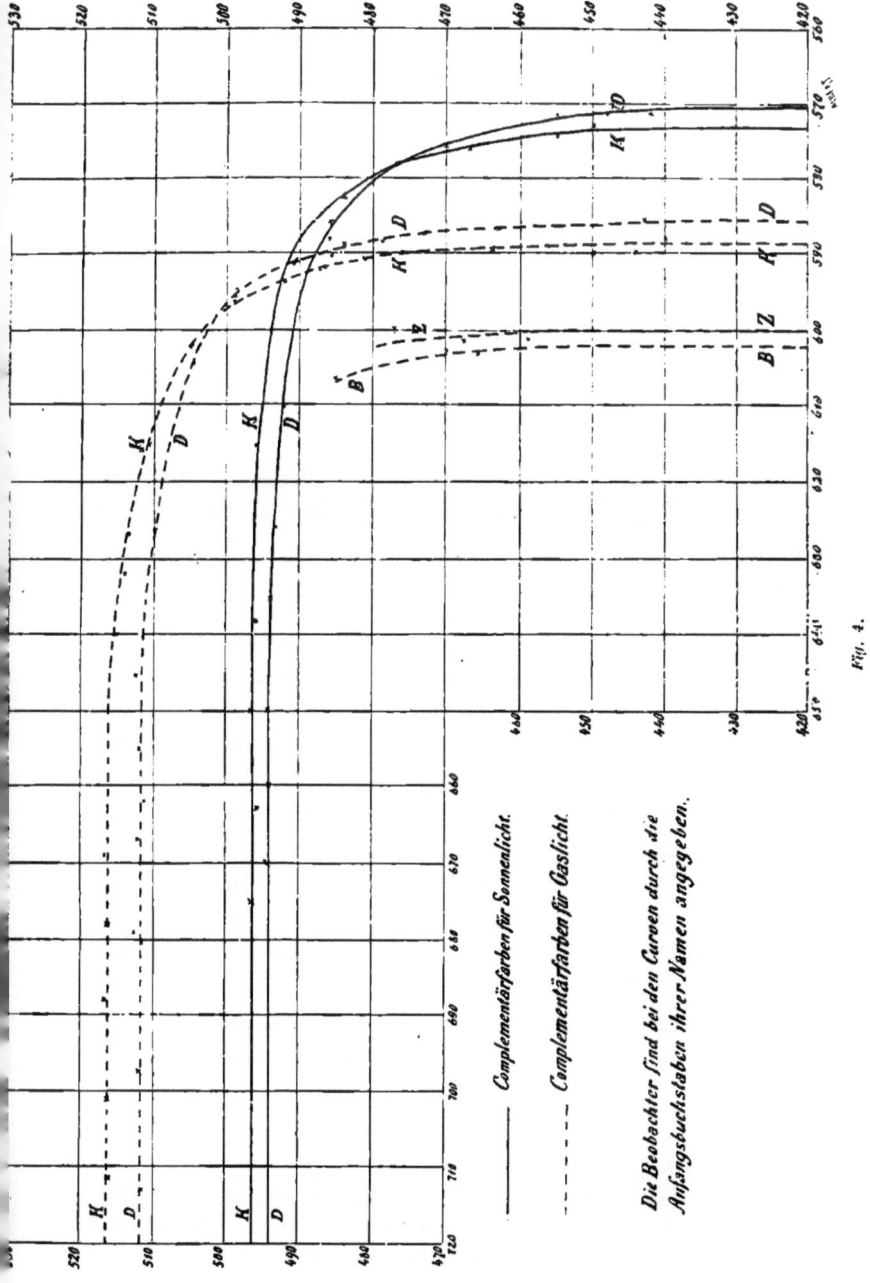

Fig. 4.

Faktor, so gilt, wenn wir die drei Elementarempfindungen R, G und V in dem Mafsstabe ausdrücken, dafs

$$\int R\,d\lambda = \int G\,d\lambda = \int V\,d\lambda$$

ist, (und einen solchen Mafsstab haben wir ja stets benutzt), für jedes Paar von Komplementärfarben die Doppelgleichung

$$R_{\lambda_1} + c\,.\,R_{\lambda_2} = G_{\lambda_1} + c\,.\,G_{\lambda_2} = V_{\lambda_1} + c\,.\,V_{\lambda_2}.$$

Setzen wir nun

$$R_{\lambda_2} = G_{\lambda_2} = 0$$

d. h. wählen wir λ_2 aus der zweiten Endstrecke, so folgt aus dem ersten Teil der Doppelgleichung, dafs bei einem endlichen Werte von c

$$R_{\lambda_1} = G_{\lambda_1}.$$

Giebt es also zu der zweiten Endstrecke komplementär gefärbtes monochromatisches Licht, und das ist, wie aus unseren Tabellen VIII und IX (S. 47 und 48) hervorgeht, der Fall, so entspricht dessen Wellenlänge dem Schnittpunkte der in dem eben erwähnten Mafsstabe aufgezeichneten Elementar-Empfindungs-Kurven R und G. Wir wollen die Wellenlänge dieses Schnittpunktes mit λ_{rg} bezeichnen.

Aus einer völlig analogen Betrachtung folgt, dafs die erste Endstrecke komplementär gefärbt ist zu dem Lichte des Schnittpunktes der Kurven G und V, dessen Wellenlänge wir analog mit λ_{gv} bezeichnen wollen.

Dieselben Schlufsfolgerungen lassen sich natürlich auch auf die Komplementärfarben für das Sonnenlicht anwenden.[1]

---

[1] Diese Entwickelung ist in einer etwas allgemeineren, aber auch weniger scharfen Weise bereits durchgeführt in: A. König, Verhandl. der Physikal. Gesellsch. in Berlin. Sitzung vom 2. März 1883 (Fortschritte der Physik für 1880. Jahrg. 36. 3. Abtl. Anhang S. 24.) Mit Hülfe der Newtonschen Farbentafel ist das Ergebnis der obigen Ableitung selbstverständlich und naheliegend; denn legt man die beiden Elementarfarben R und V in zwei Eckpunkte eines gleichseitigen Dreieckes, so ist unsere obige Beziehung zwischen den komplementären Farben eine unmittelbare Folge davon, dafs in einem gleichseitigen Dreieck jeder Punkt einer Transversalen, die durch einen Eckpunkt und den Mittelpunkt des Dreiecks geht, von den beiden anderen Eckpunkten gleich weit entfernt ist.

Da diese Werte von λ_{rg} und λ_{gv} sowohl bei unseren Berechnungen im folgenden Paragraphen benutzt werden als auch zur Kontrolle für die Genauigkeit unserer Beobachtungen dienen, so stellen wir sie hier aus den Tabellen VIII und IX (unter Ausgleichung der Beobachtungsfehler mit Hülfe der Kurven in Fig. 4) zusammen.

Tabelle X.

	Für Sonnenlicht		Für Lampenlicht	
	λ_{rg}	λ_{gv}	λ_{rg}	λ_{gv}
König	573.0 $\mu\mu$	496.3 $\mu\mu$	588.8 $\mu\mu$	516.5 $\mu\mu$
Dieterici	570.6 „	494.1 „	585.5 „	512.0 „
Zehnder	—	—	ca. 600 „	505.0 „
Becker	—	—	ca. 602 „	512.4 „

§ 13. **Die beiden Gruppen trichromatischer Farbensysteme.** Es ist oben in § 11 schon darauf hingewiesen worden, daſs in den trichromatischen Farbensystemen mindestens zwei Gruppen abzugrenzen sind, zwischen denen man bisher noch keine Übergänge aufgefunden hat. Lord Rayleigh fand diese Verschiedenheit der Trichromaten, als er von einer gröſseren Anzahl Personen Rot und Grün zu Gelb mischen lieſs, und es sich ergab, daſs die Farbengleichung, welche eine Person hergestellt hatte, nicht immer von der anderen anerkannt wurde. Donders hat dieser Thatsache dann gröſsere Aufmerksamkeit zugewandt und zur schärferen Prüfung die Herstellung einer Farbengleichung zwischen Lithiumrot und Thalliumgrün einerseits und Natriumgelb andererseits vorgeschlagen. Wir haben diese Farbengleichung bei etwa 70 Personen benutzt und können sie für das Auffinden von individuellen Unterschieden in trichromatischen Farbensystemen bei derartigen Untersuchungen, auch wenn sie sich auf eine sehr groſse Anzahl von Personen erstrecken, als verhältnismäſsig leicht ausführbar sehr empfehlen. Selbst bei Solchen, welche gar nicht im Beobachten geschult sind (— wir haben eine Anzahl Soldaten mit dieser Methode geprüft —) ist die

Einstellung noch immer hinreichend sicher. — Genauere Beobachter merken freilich, dafs keine vollkommene Farbengleichung erzielt werden kann, indem das gemischte Feld immer etwas weniger gesättigt ist als das monochromatische. Die Ungleichheit ist aber so gering, dafs die Sicherheit der Einstellung auf gleiche Nuance kaum beeinträchtigt wird.

Leider sind die Resultate, welche an verschiedenen Orten mit dieser Methode erhalten werden, nicht ohne weiteres miteinander vergleichbar, denn das zur Herstellung der Farbengleichung erforderliche Mischungsverhältnis von Lithiumrot zu Thalliumgrün ist sowohl von der Zusammensetzung des zerlegten Lichtes als auch von der Art der Dispersion in dem benutzten Spektrum abhängig.

Schreiben wir die hier besprochene Farbengleichung

$$a \cdot L_{670} + b \cdot L_{535} = L_{590}$$

und setzen $\frac{a}{b} = c$, so enthält die folgende Tabelle XI. für die vier von uns näher untersuchten trichromatischen Farbensysteme die Werte des Quotienten c sowohl für das Dispersions-Spektrum des Gaslichtes als für die Interferenz-Spektren des Gas- und des Sonnenlichtes.

Tabelle XI.

	Dispersions-Spektrum des Gaslichtes	Interferenz-Spektrum des Gaslichtes	Interferenz-Spektrum des Sonnenlichtes
König	1.362	2.936	16.904
Dieterici	1.674	3.620	20.967
Zehnder	0.504	1.087	5.808
Becker	0.322	0.695	4.134

Aus dieser Zusammenstellung zeigt sich der grofse Unterschied in der Beschaffenheit der Farbensysteme dieser beiden hier durch je zwei Personen vertretenen Gruppen, besonders wenn man noch berücksichtigt, dafs sämtliche von uns untersuchten Personen der ersten Gruppe einen Wert von c einstellten, der zwischen den uns beiden (K und D) zukommenden lag, unsere eigenen Werte also die Extreme bildeten. Der dritte

Vertreter der zweiten Gruppe war nahe bei Hrn. ZEHNDER (etwas nach BECKER hin) einzuordnen.

Da die erste Gruppe, wie oben schon erwähnt, die weitaus zahlreichste ist, so ist es angebracht, die betreffenden Farbensysteme als „normale trichromatische Farbensysteme" zu bezeichnen, während auf die zweite Gruppe, solange sie die einzige aufserdem scharf abgegrenzte ist, der Name: „anomale trichromatische Farbensysteme" angewandt werden mag. Finden sich später mehrere derartige von der grofsen Mehrzahl abweichende Gruppen, so ist natürlich eine andere Bezeichnung zu wählen.

Wenn es auch aus verschiedenen Gründen wünschenswert gewesen wäre, für normale und anomale trichromatische Farbensysteme dieselben Farbengleichungen zur Bestimmung der Elementar-Empfindungs-Kurven anzuwenden, so haben wir doch für beide Gruppen verschiedene Farbengleichungen hierzu benutzt. Es zeigte sich nämlich, dafs bei anomaler Trichromasie störende Sättigungsunterschiede viel seltener auftreten als bei normaler, und dafs man daher die Komponenten der einzelnen Beobachtungssätze im Spektrum viel weiter auseinanderlegen kann, ohne die Genauigkeit der Beobachtung wesentlich zu beeinträchtigen. Wir mufsten nun leider diesen Vorteil benutzen, weil uns zur Untersuchung unserer beiden anomalen Trichromaten viel weniger Zeit zur Verfügung stand, als wir für die Untersuchung unserer eigenen Farbensysteme verwenden konnten. Bei Prof. O. BECKER konnten wir aus Mangel an Zeit keine vollständige Durcharbeitung des Farbensystems vornehmen, sondern mufsten uns auf die charakteristischsten Teile desselben beschränken. Auch bei Hrn. ZEHNDER ist die Sicherheit der Beobachtung nicht so grofs wie bei unseren eigenen Systemen, zu deren Bestimmung wir aber auch mehr als die sechsfache Arbeitszeit verbraucht haben.

Wir selbst haben jedoch oftmals die von den anomalen Trichromaten hergestellten Farbengleichungen betrachtet und fanden, dafs wir sie mit unseren „normalen trichromatischen Farbensystemen" fast ausnahmslos anerkennen konnten, wenn sie sich nur auf den blauen und violetten Teil des Spektrum bezogen, hingegen erschienen uns die Felder stets höchst ungleich, sobald rotes, gelbes und grünes Licht als Komponenten oder als Vergleichsfarbe benutzt wurde.

a) Normale trichromatische Farbensysteme.

§ 14. Die Auswahl der Farbengleichungen und die unmittelbaren Ergebnisse der Beobachtung. Wie schon erwähnt, wurde der Verlauf der Elementar-Empfindungs-Kurven in den beiden Farbensystemen der Verfasser dieser Abhandlung bestimmt.

Die Auffindung geeigneter Farbenmischungen war sehr schwierig und gelang erst nach mannigfachen fehlgeschlagenen Versuchen. Es können nur solche Farbenmischungen benutzt werden, bei welchen die Gleichheit der erhaltenen Farben nach Ton und Sättigung scharf beurteilt werden kann, und bei deren Kombination zugleich die Beobachtungsfehler keinen grofsen Einflufs auf die Ergebnisse der numerischen Rechnung gewinnen. Mit Rücksicht auf den ersten Umstand müssen weifsliche Farben vermieden, also im allgemeinen nur einander ziemlich nahegelegene Teile des Spektrum miteinander gemischt werden, während die Sicherheit der Berechnung es wünschenswert macht, dafs die Komponenten einer Mischung im Spektrum möglichst weit auseinanderliegen. Nur durch sorgfältiges Abwägen dieser beiden einander widerstreitenden Umstände für jede einzelne Mischung konnte die im allgemeinen erfreuliche Sicherheit der nachfolgend angegebenen Resultate erzielt werden. Doch blieb in dem orangefarbenen bis grünen Teile des Spektrum insofern eine Ausnahme bestehen, als hier eine beträchtliche Zumischung von blauem Lichte das Aussehen ungemein wenig beeinflufst.

Zuerst versuchten wir, auch in der Mittelstrecke die Komponenten der Mischungssätze so nahe aneinanderzulegen, dafs keine merkbaren Sättigungsunterschiede auftraten. Es zeigte sich jedoch bald, dafs infolge der dann erforderlichen sehr grofsen Anzahl von Mischungssätzen, welche nach der in § 9 entwickelten Methode miteinander zu verknüpfen waren, die Unsicherheit in den berechneten Werten so grofs wurde, dafs die schliefslichen Resultate gar kein Vertrauen mehr verdienten. Wir waren daher genötigt, auch auf dem bisher stets monochromatischen linken, von dem rechten Kollimatorrohre C_l her erleuchteten Felde eine zweite Komponente, die ungefähr der Komplementärfarbe entsprach, einzuführen und durch deren Zumischung die Sättigungsunterschiede auszugleichen, welche sonst bei weitere Intervalle umfassenden Mischungssätzen auftraten. Zu diesem Zwecke mufste auch der Doppelspat K_1 in dem Kollimator C_1 von dem Spalte abgerückt werden. Damit nun aber sämtliche Messungen auf dasselbe Spektrum bezogen wurden (siehe § 8, S. 21 und 22), mufste untersucht werden, ob die relative Intensitätsverteilung in den beiden Spektren, welche von C_1 herrühren, sich ändert, wenn man K_1 immer mehr von dem Spalte entfernt. Eine sorgfältige Prüfung ergab nun, dafs dieses bei dem nach dem langwelligen Ende hin verschobenen Spektrum nicht, wohl aber bei dem anderen der Fall war. Dieses eine konstant bleibende Spektrum wurde nun nicht nur, wie es bisher geschehen war, als Norm für die beiden Spektren des Kollimatorrohres C_2, sondern auch für das zweite Spektrum von C_1 zu Grunde gelegt. Die Beziehung der Spektren aufeinander geschah in völlig analoger Weise, wie wir es oben dargelegt haben; doch mufste, um die Intensität der dem zweiten Spektrum von C_1 entnommenen Komponenten durch das erste Spektrum ausdrücken zu können, ein drittes Spektrum (von C_2 her) als Zwischenglied bei den Vergleichungen benutzt werden, da die zwei Spektren desselben Kollimators ja nicht unmittelbar miteinander verglichen werden konnten.[1]

Wir haben also bei trichromatischen Systemen drei verschiedene Formen von Farbengleichungen:

1. Form: in den Endstrecken

$$L_\lambda = a . L_{\lambda_1}$$

2. Form: wo eine Mischung zweier Komponenten ohne merkbaren Sättigungsunterschied einer zwischen ihnen liegenden Spektralfarbe gleich wird

$$L_\lambda = a . L_{\lambda_1} + b . L_{\lambda_2}$$

3. Form: wo auf jeder Seite der Farbengleichung zwei Komponenten in die Mischung eingehen

$$L_\lambda + c . L_{\lambda'} = a . L_{\lambda_1} + b . L_{\lambda_2}$$

oder

$$L_\lambda = a . L_{\lambda_1} + b . L_{\lambda_2} - c . L_{\lambda'}$$

---

[1] Ein Spektrum von C_2 war natürlich zu Hülfe genommen worden, als wir das Konstantbleiben des einen Spektrum von C_1 beim Vorrücken des Doppelspates K_1 prüften.

Die Bestimmung der Wellenlänge λ' geschah stets durch eine eben solche Kalibration, wie wir sie für die Wellenlänge λ machen mufsten.

Die Tabelle XII. auf S. 57 und 58 enthält nun die gewonnenen Werte der Koeffizienten a, b und c in den von uns hergestellten Farbengleichungen. Jede Farbengleichung wurde so oft (in dem hellen Teile des Spektrum aber mindestens zehn-, in dem dunklen (blauen) mindestens zwanzigmal) wiederholt, dafs der wahrscheinliche Fehler der Koeffizienten nur wenige Prozent betrug. Die benutzten Wellenlängen sind mit einer einzigen Ausnahme, auf die wir später zurückkommen werden, für uns beide die gleichen; es geht daher die Verschiedenheit unserer Farbensysteme schon unmittelbar aus diesen Tabellen hervor.

Über die neun Sätze von Farbengleichungen ist folgendes zu bemerken:

Satz I bezieht sich auf die langwellige Endstrecke (1. Form).

Satz II umfafst die Region 670 $\mu\mu$ bis 563.5 $\mu\mu$, enthält aber nur Gleichungen (3. Form) für Lichter von der Wellenlänge 590 $\mu\mu$ und 577 $\mu\mu$, da wir nicht ohne zwingende Notwendigkeit die verwickelteste Form der Farbengleichung benutzen wollten, und, wie Satz III zeigt, zwischen 670 $\mu\mu$ und 590 $\mu\mu$ sich Gleichungen der 2. Form ohne merkbare Sättigungsunterschiede herstellen liefsen.

Satz IV umschliefst das Intervall 590 $\mu\mu$ bis 536 $\mu\mu$ und enthält neben Farbengleichungen (2. Form) für die schon berücksichtigten Lichter von 577 $\mu\mu$ und 563.5 $\mu\mu$ noch solche für 555 $\mu\mu$ und 545 $\mu\mu$, während Satz V die Region von 590 $\mu\mu$ bis 512 $\mu\mu$ bei D, bis 516.5 $\mu\mu$ bei K umspannend, nur auf die beiden ersteren (3. Form) beschränkt ist.

Satz VI besteht aus einer einzigen Farbengleichung (3. Form) für 512 $\mu\mu$ bei D und für 516.5 $\mu\mu$ bei K aus den Komponenten 536 $\mu\mu$ und 475 $\mu\mu$.

Satz VII füllt dann durch drei Farbengleichungen (3. Form) das Intervall zwischen 512 $\mu\mu$ (resp. 516.5 $\mu\mu$) und 475 $\mu\mu$ aus. Dafs wir die Sätze VI und VII nicht zu einem das ganze Intervall von 536 $\mu\mu$ bis 475 $\mu\mu$ umschliefsenden Satze vereinigten, war veranlafst durch die eigentümliche Berechnungsart der Elementar-Empfindungs-Kurve V, welche wir weiter unten in § 16 besprechen werden.

Tabelle XII.
Beobachtungen.

I.
$$L_\lambda = a \cdot L_{670}$$

	Für K.		Für D.
λ	a	λ	a
720 $\mu\mu$	0.1126	720 $\mu\mu$	0.1173
700 „	0.3269	700 „	0.3207
685 „	0.5893	685 „	0.6077
670 „	1.000	670 „	1.000
660 „	1.534	660 „	1.491

II.
$$L_\lambda = a \cdot L_{670} + b \cdot L_{563.5} - c \cdot L_{\lambda'}$$

λ	a	b	λ'	c	λ	a	b	λ'	c
670 $\mu\mu$	1.—	0.—	—	—	670 $\mu\mu$	1.—	0.—	—	—
590 „	1.667	0.8500	478 $\mu\mu$	0.1281	590 „	1.8190	0.7907	478 $\mu\mu$	0.1055
577 „	0.671	0.9964	471.5 „	0.0432	577 „	0.7257	0.9938	471.5 „	0.0322
563.5 „	0.—	1.—	—	—	563.5 „	0.—	1.—	—	—

III.
$$L_\lambda = a \cdot L_{670} + b \cdot L_{590}$$

λ	a	b	λ	a	b
670 $\mu\mu$	1.—	0.—	670 $\mu\mu$	1.—	0.—
645 „	2.479	0.0621	645 „	2.392	0.0424
630 „	3.035	0.2010	630 „	2.898	0.1501
620 „	2.889	0.3430	620 „	2.952	0.2800
610 „	2.244	0.5551	610 „	2.358	0.5040
600 „	1.055	0.8206	600 „	1.264	0.7615
590 „	0.—	1.—	590 „	0.—	1.—

IV.
$$L_\lambda = a \cdot L_{590} + b \cdot L_{536}$$

λ	a	b	λ	a	b
590 $\mu\mu$	1.—	0.—	590 $\mu\mu$	1.—	0.—
577 „	0.5639	0.9237	577 „	0.5619	0.9353
563.5 „	0.2445	1.411	563.5 „	0.2402	1.337
555 „	0.1397	1.370	555 „	0.1228	1.342
545 „	0.04173	1.240	545 „	0.0281	1.228
536 „	0.—	1.—	536 „	0.—	1.—

Tabelle XII.
(Fortsetzung.)

Für K.					Für D.				
V.									
$L_\lambda = a.L_{590} + b.L_{516.5} - c.L_{\lambda'}$					$L_\lambda = a.L_{590} + b.L_{512} - c.L_{\lambda'}$				
λ	a	b	λ'	c	λ	a	b	λ'	c
590 μμ	1.—	0.—	—	—	590 μμ	1.—	0.—	—	—
577 „	0.6485	1.976	471.5 μμ	1.007	577 „	0.6905	1.978	471.5 μμ	0.9298
563.5 „	0.3774	2.992	464 „	1.503	563.5 „	0.4135	2.896	464 „	1.111
516.5 „	0.—	1.—	—	—	512 „	0.—	1.—	—	—

VI.									
$L_\lambda = a.L_{536} + b.L_{475} - c.L_{\lambda'}$									
λ	a	b	λ'	c	λ	a	b	λ'	c
536 μμ	1.—	0.—	—	—	536 μμ	1.—	0.—	—	—
516.5 „	0.4029	0.2454	673 μμ	0.0991	512 „	0.3775	0.2822	661 μμ	0.0922
475 „	0.—	0.—	—	—	475 „	0.—	1.—	—	—

VII.									
$L_\lambda = a.L_{516.5} + b.L_{475} - c.L_{\lambda'}$					$L_\lambda = a.L_{512} + b.L_{475} - c.L_{\lambda'}$				
λ	a	b	λ'	c	λ	a	b	λ'	c
516.5 μμ	1.—	0.—	—	—	512 μμ	1.—	0.—	—	—
505 „	0.4083	0.2657	650 μμ	0.00673	505 „	0.6241	0.2315	650 μμ	0.001324
495 „	0.1690	0.3771	628 „	0.00744	495 „	0.2849	0.4319	628 „	0.001324
485 „	0.0640	0.6792	606 „	0.00051	485 „	0.1160	0.6324	606 „	0.000740
475 „	0.—	1.—	—	—	475 „	0.—	1.—	—	—

VIII.						
$L_\lambda = a.L_{485} + b.L_{463}$						
λ	a	b		λ	a	b
485 μμ	1.—	0.—		485 μμ	1.—	0.—
475 „	0.4545	0.7490		475 „	0.4300	0.7406
463 „	0.—	1.—		463 „	0.—	1.—

IX.						
$L_\lambda = a.L_{475} + b.L_{433}$						
λ	a	b		λ	a	b
475 μμ	1.—	0.—		475 μμ	1.—	0.—
465 „	0.4123	1.397		465 „	0.4994	1.327
455 „	0.1576	1.567		455 „	0.1878	1.664
445 „	0.0556	1.373		445 „	0.0445	1.520
433 „	0.—	1.—		433 „	0.—	1.—

Satz VIII besteht in einer Farbengleichung (2. Form) aus den Komponenten 485 $\mu\mu$ und 463 $\mu\mu$ für Licht von 475 $\mu\mu$.

Der letzte Satz IX endlich bezieht sich auf die Region von 475 $\mu\mu$ bis 433 $\mu\mu$ und enthält drei Gleichungen (2. Form) für 465 $\mu\mu$, 455 $\mu\mu$ und 445 $\mu\mu$.

Die ungemein geringe Intensität des Lampen-Disperisons-Spektrum in der kurzwelligen Endstrecke verhinderte es, daſs wir hier ebenso, wie es auch bei den dichromatischen Systemen der Fall war, Messungen über den Abfall der V-Kurve anstellen konnten, wie wir dieses in Satz I für die langwellige Endstrecke gethan haben. Wir werden weiter unten (S. 70 und 71) sehen, in welcher Weise wir zur Ausfüllung dieser Lücke ältere Beobachtungen von FRAUNHOFER benutzt haben. Da dieser Teil des Spektrum für alle aus unseren Beobachtungen gezogenen Schlüsse völlig belanglos ist, so glaubten wir, auf eigene Beobachtungen verzichten zu dürfen.

§ 15. **Die Berechnung der Elementar-Empfindungs-Kurven R und G.** Eine Farbengleichung ist zur Berechnung einer Elementar-Empfindungs-Kurve um so geeigneter, je empfindlicher die hergestellte Farbe gegen Zumischung der betreffenden Elementarempfindung ist. In den roten bis blaugrünen Teilen des Spektrum ist diese Empfindlichkeit für die Elementarempfindungen R und G ungefähr gleich, und der Verlauf der Kurven für beide kann daher auch mit annähernd derselben Sicherheit aus den im vorigen Paragraphen mitgeteilten Gleichungen berechnet werden. Anders ist es aber für die Elementarempfindung V. Man kann, wie schon oben (§ 14. S. 54) erwähnt, in der langwelligen Hälfte des Spektrum den Farbengleichungen auf einer beliebigen Seite noch eine beträchtliche Quantität blauen Lichtes zumischen, ohne daſs die Gleichung gestört wird. Wenn man daher analog wie wir es früher bei den Berechnungen der Elementar-Empfindungs-Kurven der Dichromaten gethan haben, hier bei den Trichromaten $L = V$ und $V_{\lambda > 630} = 0$ setzt, so läſst sich aus den so entstandenen Gleichungen doch noch keineswegs der Verlauf von V in den betreffenden Teilen des Spektrum berechnen. Da nun die bisher geschilderte Methode der Berechnung der Elementar-Empfindungs-Kurve nicht an einem Ende beginnen kann, welches mit dem Ende des Spektrum zusammenfällt, und da der weitere Verlauf der Kurve völlig abhängig ist von den vorausgehenden Strecken, so ist diese Methode für die Elementar-Empfindungs-Kurve V völlig unbrauchbar. Im nächsten Paragraphen werden wir zeigen, daſs gerade die eigentümliche Gestalt dieser Kurve es ermöglicht, eine andere Methode zu benutzen, welche zur Berechnung der Elementar-Empfindungs-Kurven R und G nicht anwendbar ist.

Hier wollen wir uns nunmehr zunächst mit der Berechnung dieser beiden letzten Kurven beschäftigen, wobei wir uns, wie schon erwähnt, im allgemeinen der in § 9 dargelegten Methode bedienen; nur da, wo eine Farbengleichung der 3. Form zu Grunde liegt, trat eine Abweichung ein. Hier muſste man nämlich für L_λ Ordinaten in die Rechnung einführen, die zunächst einem noch nicht berechneten, sondern nur durch tastende Vorversuche annäherungsweise bekannten Teile der Kurve angehörten. Nachdem nun die Berechnung der ganzen Kurve durchgeführt war, konnte man mit Hülfe graphischer Interpolation bessere Werte für diese fast ausnahmslos kleinen Korrektionsglieder erhalten und nunmehr die Kurve in zweiter Annäherung berechnen. Dieses wurde so lange fortgesetzt, bis eine nochmalige Durchrechnung den Kurvenverlauf nicht mehr änderte, d. h. bis die Kurve völlig mit den Farbengleichungen stimmte und damit eindeutig gefunden war.

Das Verfahren, welches in der praktischen Ausführung sehr viel Zeit erforderte, wird klarer werden, wenn wir uns auf die nachfolgende Tabelle XIII. beziehen, welche das Zahlenmaterial für die letzte in sich stimmende Durchrechnung der Elementar-Empfindungs-Kurve G enthält. Ebenso wie in den früheren entsprechenden Tabellen bei den dichromatischen Farbensystemen bezeichnen die oben links eingeklammerten römischen Ziffern die Farbengleichungs-Sätze, welche bei der Berechnung benutzt sind.

Als erläuterndes Beispiel wählen wir die Berechnung für K.

Wir müssen, da die Elementar-Empfindungs-Kurve G in dem Bereiche des Satzes II beginnt, von diesem ausgehen. Weil wir seine Farbengleichungen, welche die Form

$$L_\lambda = a \cdot L_{670} + b \cdot L_{563.5} - c \cdot L_{\lambda'}$$

haben, hier auf G beziehen, so ist G statt L zu setzen, und wir haben dann, weil $G_{670} = 0$ ist,

Tabelle XIII.

Berechnung der Elementar-Empfindungs-Kurve G.

Für K.			Für D.		
(II.)			**(II.)**		
λ	Annahmen	Berechnung	λ	Annahmen	Berechnung
670 $\mu\mu$	0.—	—	670 $\mu\mu$	0.—	—
590 „	—	8.473	590 „	—	7.876
478 „	0.210	—	478 „	0.305	—
577 „	—	9.958	577 „	—	9.938
471.5 „	0.133	—	471.5 „	0.194	—
563.5 „	10.000	—	563.5 „	10.000	—
(III.)			**(III.)**		
λ	Annahme	Berechnung	λ	Annahme	Berechnung
670 $\mu\mu$	0.—	—	670 $\mu\mu$	0.—	—
645 „	—	0.526	645 „	—	0.334
630 „	—	1.703	630 „	—	1.182
620 „	—	2.906	620 „	—	2.205
610 „	—	4.703	610 „	—	3.970
600 „	—	6.953	600 „	—	5.997
590 „	8.473	—	590 „	7.876	—
(IV.)			**(IV.)**		
λ	Annahmen	Berechnung	λ	Annahmen	Berechnung
590 $\mu\mu$	1) 8.473	—	590 $\mu\mu$	1) 7.876	—
577 „	2) 9.958	—	577 „	2) 9.938	—
563.5 „	3) 10.000	—	563.5 „	3) 10.000	—
536 „	—	(1.2) 5.608 (1.3) 5.619 (2.3) 5.623 Mittel: 5.617	536	—	(1.2) 5.954 (1.3) 6.064 (2.3) 6.112 Mittel: 6.043
555 „	—	8.879	555	—	9.077
545 „	—	7.317	545 „	—	7.642

Tabelle XIII.
(Fortsetzung.)
Berechnung der Elementar-Empfindungs-Kurve G.

Für K.			Für D.		
(V.) λ	Annahmen	Berechnung	(V.) λ	Annahmen	Berechnung
590 $\mu\mu$	1) 8.473	—	590 $\mu\mu$	1) 7.876	—
577 „	2) { 9.958	—	577 „	2) { 9.938	—
471.5 „	{ 0.133	—	471.5 „	{ 0.194	—
563.5 „	3) { 10.000	—	563.5 „	3) { 10.000	—
464 „	{ 0.054	—	464 „	{ 0.100	—
516.5 „	—	(1.2) 2.327 (1.3) 2.301 (2.3) 2.284 Mittel: 2.304	512 „	—	(1.2) 2.390 (1.3) 2.354 (2.3) 2.329 Mittel: 2.358
(VI.) λ	Annahmen	Berechnung	(VI.) λ	Annahmen	Berechnung
536 $\mu\mu$	5.617	—	536 „	6.043	—
516.5 „	2.304	—	512 „	2.358	—
673 „	0.000	—	475 „	—	0.272
475 „	—	0.167			
(VII.) λ	Annahmen	Berechnung	(VII.) λ	Annahmen	Berechnung
516.5 $\mu\mu$	2.304	—	512 $\mu\mu$	2.358	—
505 „	—	0.984	505 „	—	1.534
650 „	0.350	—	650 „	0.200	—
495 „	—	0.451	495 „	—	0.787
628 „	1.880	—	628 „	1.330	—
485 „	—	0.258	485 „	—	0.442
606 „	0.167	—	606 „	4.600	—
			475 „	0.272	—
(VIII.) λ	Annahmen	Berechnung	(VIII.) λ	Annahmen	Berechnung
485 $\mu\mu$	0.258	—	485 $\mu\mu$	0.442	—
475 „	0.167	—	475 „	0.272	—
463 „	—	0.0663	463 „	—	0.110
(IX.) λ	Annahmen	Berechnung	(IX.) λ	Annahmen	Berechnung
475 $\mu\mu$	0.167	—	475 $\mu\mu$	0.272	—
465 „	0.077	—	465 „	0.126	—
455 „	—	0.026	455 „	—	0.051
445 „	—	0.009	445 „	—	0.012
433 „	—	0.000	433 „	—	0.000

$$G_\lambda = b \cdot G_{563.5} - c \cdot G_{\lambda'}.$$

Für $\lambda = 590\ \mu\mu$ ist nun $\lambda' = 478\ \mu\mu$. Da in dem blauen Teile des Spektrum G jedenfalls sehr klein, so erhalten wir als erste Annäherung, indem wir $G_{478} = 0$ annehmen,

$$G_{590} = 0.85 \cdot G_{563.5}.$$

Als blofsen Mafsstab für die Rechnung setzen wir $G_{563.5} = 10$ und erhalten somit

$$G_{590} = 8.500.$$

Ganz entsprechend ergiebt sich

$$G_{577} = 9.964.$$

Mit diesen Werten wurde nun zunächst weiter gerechnet und durch die Sätze III und IV die Kurve bis 545 $\mu\mu$ ermittelt. Für die Anwendung von Satz V war die Kenntnis von $G_{471.5}$ und G_{464} erforderlich, wofür wir in erster Annäherung aus denselben Gründen wie vorhin wieder den Wert Null annehmen. Der Satz VI benutzt zwar Licht von der Wellenlänge 673 $\mu\mu$; dieses Glied fällt aber hier fort, da G_{673}, als in der langwelligen Endstrecke gelegen, gleich Null ist. Die bei Satz VII in die Rechnung eingehenden Werte von G_{650}, G_{628} und G_{606} sind durch die schon ausgeführte Berechnung nach Satz III mittels graphischer Interpolation bereits in erster Annäherung zu finden. Nachdem in solcher Weise die Kurve bis 485 $\mu\mu$ berechnet war, wurde sie aufgezeichnet und der letzte Teil unter Berücksichtigung, dafs $G_{433} = 0$ sein mufs, glatt ausgezogen. Nun wurde die Rechnung wieder mit Satz II begonnen, aber jetzt für G_{478} und $G_{471.5}$ die aus der Kurve entnommenen Werte eingesetzt; dadurch wurden G_{590} und G_{577} etwas verändert u. s. w. In dieser Art wurde die ganze Rechnung so oft wiederholt, bis sich am Schlusse einer Rechnung dieselben Werte für G_{478}, $G_{471.5}$ und G_{464} ergaben, welche am Anfang dafür angenommen waren.

Die Richtigkeit der so gewonnenen Kurven wurde noch dadurch bestätigt, dafs sich bei dieser letzten Rechnung für G_{433}, welches ja Null werden mufste, thatsächlich auch nur ein ganz verschwindender Wert (wenige Tausendstel der gewählten Einheit) ergab. Dieses wurde endlich aber auch noch ausgeglichen, indem wir den Satz IX noch einmal unter der Annahme $G_{433} = 0$ berechneten.

Es ist ersichtlich, dafs man die Berechnung von G auch in der umgekehrten Richtung, bei 433 $\mu\mu$ mit Satz IX beginnend, hätte ausführen können. Dieser Weg wäre aber viel zeitraubender gewesen, weil man in Satz VII die noch gänzlich unbekannten, jedenfalls aber nicht kleinen Werte von G_{606} und G_{628} hätte einführen müssen. Die Zahl der erforderlichen vollständigen Durchrechnungen der Kurve wäre bedeutend gröfser gewesen, ehe man durch Annäherung zu einem mit allen Sätzen stimmenden Kurvenverlauf gekommen wäre. Das endliche Ergebnis könnte aber kein anderes gewesen sein, als das, was wir auf dem kürzeren Wege erlangten, da die Kurve durch die Gesamtheit der ihren ganzen Verlauf umspannenden Gleichungen und die Annahme über ihre Endpunkte ein deutig bestimmt ist.

Bei der Berechnung der Elementar-Empfindungs-Kurve R, welche bei der Wellenlänge 475 $\mu\mu$ beginnen und von hier aus nach dem roten Ende hin ausgeführt werden mufste, waren wir leider genötigt, dieses umständlichere Verfahren zu benutzen. Wie aus der nachfolgenden Tabelle XIV., welche in völlig derselben Weise wie die vorige angeordnet ist, hervorgeht, sind schon in dem zweiten (VII) der verwendeten Sätze sehr grofse Werte für R_λ einzuführen. Wir konnten uns die Rechnungsarbeit einigermafsen dadurch erleichtern, dafs wir zuerst unter Benutzung der aus der Bestimmung der Komplementärfarben gewonnenen Kenntnis des Schnittpunktes der R- und G-Kurve im Interferenz-Spektrum des Gaslichtes (Siehe § 12. S. 50) eine Kurve von gleichem Flächeninhalt wie die G-Kurve aufzeichneten, deren Ordinaten bei 720 $\mu\mu$ und 430 $\mu\mu$ gleich Null waren, und aus ihr dann die Werte für R_λ bei der ersten Annäherungs-Rechnung ablasen. (Bei dem zweiten von uns haben wir natürlich die R-Kurve des ersten zum Ausgang genommen.)

Die einzige prinzipielle Abweichung bei der Berechnung der R-Kurve von derjenigen der G-Kurve besteht bei der Benutzung der Sätze V und IV. Aus den Sätzen VII und VI sind durch Annahme und Berechnung $R_{516.5}$ und R_{536} bei K. (R_{512} und R_{536} bei D.) bestimmt; nun enthält aber weder Satz V noch Satz IV diese beiden Spektrallichter zugleich, was zur

Weiterführung der Rechnung erforderlich wäre; es mußte daher eine Verknüpfung der Gleichung beider Sätze stattfinden, die in folgender Weise geschah:

Die Gleichungen von Satz IV haben die Form

die von Satz V
$$L_\lambda = a \cdot L_{590} + b \cdot L_{536}$$
$$L_\lambda = a \cdot L_{590} + b \cdot L_{518.5} - c \cdot L_{\lambda'}.$$

Setzen wir nun überall R für L ein, versehen die Koeffizienten a und b, um sie als dem betreffenden Satze entnommen zu kennzeichnen, mit den Indices IV und V und berücksichtigen endlich, daß in Satz V stets $R_{\lambda'} = 0$ ist, so verwandeln sich die beiden obigen Gleichungen in

$$R_\lambda = a_{IV} \cdot R_{590} + b_{IV} \cdot R_{536}$$

und $R_\lambda = a_V \cdot R_{590} + b_V \cdot R_{518.5}.$

Da nun λ sowohl in Satz IV als in Satz V die Werte 577 $\mu\mu$ und 563 $\mu\mu$ annehmen kann, so können wir die rechten Seiten gleich setzen und erhalten daraus

$$R_{590} = \frac{b_V \cdot R_{518.5} - b_{IV} \cdot R_{536}}{a_V - a_{IV}}.$$

Indem wir nun einmal $\lambda = 577\ \mu\mu$, dann $\lambda = 563.5\ \mu\mu$ setzen und die entsprechenden Koeffizienten a und b benutzen, erhalten wir zwei Werte für R_{590}, die aber, wie aus der Tabelle XIV. hervorgeht, sehr wenig voneinander abweichen.

Die ungefähr gleichen Werte für R_{730} (bei gleicher Annahme für R_{536}) in unseren beiden Farbensystemen geben in Verbindung mit der Thatsache, daß für uns beide die sichtbare Grenze des Spektrum am langwelligen Ende an derselben Stelle liegt, eine zwar nicht völlig sichere, aber doch immerhin beachtenswerte Kontrolle für unsere Beobachtungen und die darauf begründeten Rechnungen.

§ 16. Die Berechnung der Elementar-Empfindungs-Kurve V. Das hierbei benutzte Verfahren knüpft an folgende Überlegung an. Denken wir uns, der Verlauf der V-Kurve

Tabelle XIV.

Berechnung der Elementar-Empfindungs-Kurve R.

Für K.			Für D.		

(VI.)

λ	Annahmen	Berechnung	λ	Annahmen	Berechnung
475 $\mu\mu$	0.—	—	475 $\mu\mu$	0.—	—
516.5 ,,	—	1.638	512 ,,	—	1.381
673 ,,	3.80	—	661 ,,	5.50	—
536 ,,	5.00	—	536 ,,	5.00	—

(VII.)

λ	Annahmen	Berechnung	λ	Annahmen	Berechnung
475 $\mu\mu$	0.—	—	475 $\mu\mu$	0.—	—
485 ,,	—	0.096	485 ,,	—	0.148
606 ,,	18.10	—	606 ,,	16.98	—
495 ,,	—	0.265	495 ,,	—	0.375
628 ,,	16.30	—	628 ,,	14.17	—
505 ,,	—	0.603	505 ,,	—	0.851
650 ,,	9.85	—	650 ,,	8.23	—
516.5 ,,	1.638	—	512 ,,	1.381	—

(IV u. V.)

λ	Annahmen	Berechnung	λ	Annahmen	Berechnung
516.5 $\mu\mu$	1.638	—	512 $\mu\mu$	1.381	—
471.5 ,,	0.—	—	471.5 ,,	0.—	—
464 ,,	0.—	—	464 ,,	0.—	—
536 ,,	5.00	—	536 ,,	5.00	—
590 ,,	—	(577) 16.335 / (563.5) 16.211 / Mittel: 16.273	590 ,,	—	(577) 15.130 / (563.5) 15.504 / Mittel: 15.317
545 ,,	—	6.877	545 ,,	—	6.580
555 ,,	—	9.123	555 ,,	—	8.581
563.5 ,,	—	11.034	563.5 ,,	—	10.364
577 ,,	—	13.795	577 ,,	—	13.283

Tabelle XIV.
(Fortsetzung)

Berechnung der Elementar-Empfindungs-Kurve R.

Für K.			Für D.		

(II.)

λ	Annahmen	Berechnung	λ	Annahmen	Berechnung
563.5 $\mu\mu$	1) 11.034	—	563.5 $\mu\mu$	1) 10.364	—
577 „	2) {13.795	—	577 „	2) {13.283	—
471.5 „	{ 0.—	—	471.5 „	{ 0.—	—
590 „	3) {16.273	—	590 „	3) {15.317	—
478 „	{ 0.—	—	478 „	{ 0.—	—
670 „	—	{(1,2) 4.174 (1,3) 4.136 (2,3) 4.115 Mittel: 4.142	670 „	—	{(1,2) 3.866 (1,3) 3.915 (2,3) 4.023 Mittel: 3.934

(III.)

λ	Annahmen	Berechnung	λ	Annahmen	Berechnung
590 $\mu\mu$	16.273	—	590 $\mu\mu$	15.317	—
600 „	—	17.723	600 „	—	16.627
610 „	—	18.328	610 „	—	16.988
620 „	—	17.548	620 „	—	15.903
630 „	—	15.842	630 „	—	13.701
645 „	—	11.213	645 „	—	10.060
670 „	4.142	—	670 „	3.934	—

(I.)

λ	Annahme	Berechnung	λ	Annahme	Berechnung
670 $\mu\mu$	4.142	—	670 $\mu\mu$	3.934	—
660 „	—	6.354	660 „	—	5.866
685 „	—	2.441	685 „	—	2.891
700 „	—	1.354	700 „	—	1.262
720 „	—	0.466	720 „	—	0.462

sei bekannt, und man habe sie zugleich mit der G-Kurve, beide auf das Interferenz-Spektrum des Gaslichtes bezogen, auf derselben Abscissenaxe aufgezeichnet. Dann wird bei einer solchen Wahl des Mafsstabes der Zeichnung, dafs die beiden von den Kurven und der Abscissenaxe umschlossenen Flächen einander gleich sind, die Wellenlänge des Schnittpunktes (wie wir oben auf S. 50 dargelegt haben) die Komplementärfarbe für Gaslicht zu der roten Endstrecke angeben; wir haben sie schon mit λ_{gc} bezeichnet. Es ist also

$$G_{\lambda_{gc}} = V_{\lambda_{gc}}.$$

Da wir die G-Kurve schon bestimmt haben, so kennen wir von der V-Kurve schon den einen Werth $V_{\lambda_{gc}}$; und von diesem ausgehend, können wir dann mit Hülfe unserer Farbengleichungen eine Kurve berechnen, welche die gleiche Fläche wie die Kurve G mit der Abscissenaxe einschliefst.

In der praktischen Ausführung gestaltete sich dieses Verfahren folgendermafsen:

Für $V_{516.5}$ bei K, für V_{512} bei D und für V_{475} wurden zuerst zwei beliebige Annahmen gemacht, wobei wir freilich von vornherein schon berücksichtigten, dafs der Violetwert des Lichtes von $\lambda = 475\,\mu\mu$ gröfser als derjenige des Lichtes von $\lambda = 516.5\,\mu\mu$ sein wird, und demgemäfs $V_{475} > V_{516.5}$ (resp. V_{512}) wählten.

Mit Hülfe der Sätze VII, VIII und IX wurde dann die Kurve bis $433\,\mu\mu$ nach der kurzwelligen und vermittelst des Satzes VI bis $536\,\mu\mu$ nach der langwelligen Seite hin berechnet. Die in dieser Weise gefundenen Werte für V wurden vermittelst der Koeffizienten in Tabelle II. auf das Interferenz-Spektrum des Lampenlichtes umgerechnet und für die Aufzeichnung ein solcher Mafsstab gewählt, dafs $V_{516.5} = G_{516.5}$ war. Da nun die Intensität bei $400\,\mu\mu$ im Lampenlicht verschwindend klein, so wurde $V_{400} = 0$ gesetzt und zwischen $433\,\mu\mu$ und $400\,\mu\mu$ die Kurve, dem übrigen Verlaufe sich anschliessend, glatt ausgezogen. Unserer Festsetzung nach ist aber V_{630} ebenfalls gleich Null; wir können daher zwischen dem schon kleinen Werte von V_{536} und diesem Endpunkte der Mittelstrecke auch glatt ausziehen, wobei wir zur Führung der Kurve noch den Anhaltspunkt haben, dafs hier die Mischung zweier Lichter niemals

Tabelle XV.

Berechnung der Elementar-Empfindungs-Kurve *V*.

Für K.			Für D.		
(VII.)			**(VII.)**		
λ	Annahmen	Berechnung	λ	Annahmen	Berechnung
516.5 μμ	2.438	—	512 μμ	2.535	—
505 „	—	2.762	505 „	—	3.087
650 „	0.—	—	650 „	0.—	—
495 „	—	2.920	495 „	—	3.529
628 „	0.—	—	628 „	0.—	—
485 „	—	4.673	485 „	—	4.405
606 „	0.—	—	606 „	0.—	—
475 „	6.650	—	475 „	6.50	—
(VI.)			**(VI.)**		
λ	Annahmen	Berechnung	λ	Annahmen	Berechnung
475 μμ	6.650	—	475 μμ	6.500	—
516.5 „	2.438	—	512 „	2.535	—
673 „	0.—	—	661 „	0.—	—
536 „	—	2.000	536 „	—	1.865
(VIII.)			**(VIII.)**		
λ	Annahmen	Berechnung	λ	Annahmen	Berechnung
485 μμ	4.673	—	485 μμ	4.405	—
475 „	6.650	—	475 „	6.500	—
463 „	—	6.043	463 „	—	6.219
(IX.)			**(IX.)**		
λ	Annahmen	Berechnung	λ	Annahmen	Berechnung
475 μμ	6.650	—	475 μμ	6.500	—
465 „	6.210	—	465 „	6.140	—
433 „	—	2.483	433 „	—	2.407
455 „	—	4.938	455 „	—	5.226
445 „	—	3.778	445 „	—	3.948

gesättigter ist, als das in der Nuance gleiche, zwischen ihnen liegende homogene Licht.

Die von dieser Kurve und der Abscissenaxe umschlossene Fläche, also $\int V.d\lambda$, wurde nunmehr bestimmt. War sie kleiner als $\int G.d\lambda$, so wurde bei demselben anfänglichen Wert von $V_{516.5}$ bezw. V_{512} jetzt eine gröfsere Annahme für V_{475} gemacht und die ganze eben beschriebene Rechnung nochmals ausgeführt. Aus dem sich jetzt ergebenden Integralwerte wurde auf eine weitere Annäherung für V_{475} geschlossen und in dieser Art so lange fortgefahren, bis endlich

$$\int V.d\lambda = \int G.d\lambda$$

war.

Die folgende Tabelle XV. enthält die Zahlenangaben für diese letzte Berechnung, aber nur soweit, wie sie auf das Dispersions-Spektrum Bezug haben.

Aus dieser Darlegung ist ersichtlich, weshalb der Bestimmung der Elementar-Empfindungs-Kurven die Bestimmung der Komplementärfarben (wenigstens für Gaslicht) vorausgehen mufste.

§ 17. **Zusammenstellung und Umrechnung der Ergebnisse. — Prüfung der erhaltenen Elementar-Empfindungs-Kurven durch die Komplementärfarben.** Die bisher mitgeteilten Werte für die Ordinaten der Elementar-Empfindungs-Kurven waren die unmittelbaren Ergebnisse der Berechnung; sie beziehen sich also auf das Dispersions-Spektrum des Lampenlichtes. In den nachfolgenden Tabellen XVI. und XVII. sind nun aufser einer Zusammenstellung dieser Werte auch die Umrechnungen auf das Interferenz-Spektrum des Lampenlichtes und des Sonnenlichtes enthalten, wobei für die beiden letzteren die mehrfach erwähnte Reduktion des Mafsstabes auf Flächengleichheit vorgenommen ist.

Bei dem Interferenz-Spektrum des Sonnenlichtes konnte aber, ohne mit der Erfahrung in Widerspruch zu kommen, die Intensität bei 400 $\mu\mu$ nicht gleich Null angenommen werden. Da wir nun aus äufseren Gründen nicht in der Lage waren, selbst die erforderlichen Messungen anzustellen, so haben wir die FRAUNHOFERschen Angaben[1] über die Helligkeits-Verteilung

---

[1] J. FRAUNHOFER, *Denkschriften d. bayer. Akad.* Bd. V. 1817.

im Sonnenspektrum zu Hülfe genommen und den aus ihnen berechneten Wert von $\frac{V_{433}}{V_{400}} = 4{,}46$ in unsere Rechnung eingeführt.

Da wir uns durch annähernde Messungen mehrfach davon überzeugten, daſs die Helligkeits-Abnahme am kurzwelligen Ende des Spektrum bei Dichromaten und Trichromaten nur wenig, vielleicht gar nicht voneinander verschieden war, so haben wir die FRAUNHOFERschen Beobachtungen auch zur Berechnung von K_{400} bei den Dichromaten verwertet. Es ist dieses auf S. 25 und S. 31 schon angedeutet und bei der Zusammenstellung der Tabellen IVb, Vb, VIb und VIIb benutzt werden.

Weil wir an den Verlauf der V-Kurve in der kurzwelligen Endstrecke keinerlei Folgerungen anknüpfen, so glauben wir für diese nicht einwurfsfreie Übernahme fremder Beobachtungen in unsere Tabellen Entschuldigung zu finden.

Fig. 5 enthält die auf das Interferenz-Spektrum des Sonnenlichtes bezüglichen Elementar-Empfindungs-Kurven für unsere beiden normalen trichromatischen Farbensysteme. Die auſserdem noch eingetragenen Kurven eines anomalen trichromatischen Systems werden weiter unten besprochen.

Bei den Kurven von K. macht sich die Absorption in der Macula lutea deutlich als ein den glatten Verlauf störender Ausschnitt im blau-grünen Teile des Spektrum bemerkbar. Bei D. ist dieses in weit geringerem Maſse der Fall. Sucht man diese Ungleichheit durch glattes Ausziehen der Kurven in der genannten Spektralregion zu beseitigen und reduziert dann wieder auf gleiche Fläche, so fallen die entsprechenden Kurven für K. und D. beinahe völlig zusammen, so daſs also die scheinbar beträchtliche Verschiedenheit der Kurven, welche besonders bei der Elementarempfindung G hervortritt, jedenfalls zum gröſsten Teil durch die Absorption in der Macula lutea veranlaſst wird.

In § 12 haben wir dargelegt, daſs das Licht einer Endstrecke komplementär gefärbt sein muſs zu dem Lichte, welches dem Schnittpunkte der Kurven derjenigen beiden Elementarempfindungen entspricht, die in dieser Endstrecke gleich Null sind. Die Komplementärfarben der Endstrecken für Sonnen- und Lampenlicht haben wir nun bereits oben in Tabelle VIII. und IX. angegeben; und aus unseren in den letzten Paragraphen ent-

Tabelle XVI.

Für K.

λ	Dispersions-Spektrum des Gaslichtes			Interferenz-Spektrum des Gaslichtes			Interferenz-Spektrum des Sonnenlichtes		
	R	G	V	R	G	V	R	G	V
720 μμ	0.466	—	—	0.145	—	—	0.033	—	—
700 „	1.354	—	—	0.447	—	—	0.110	—	—
685 „	2.441	—	—	0.850	—	—	0.233	—	—
670 „	4.142	—	—	1.541	—	—	0.519	—	—
660 „	6.354	—	—	2.485	—	—	0.905	—	—
645 „	11.213	0.526	—	4.732	0.426	—	2.170	0.124	—
630 „	15.842	1.703	—	7.230	1.494	—	3.988	0.543	—
620 „	17.548	2.906	—	8.442	2.687	(0.02)	5.227	1.106	(0.001)
610 „	18.328	4.703	—	9.311	4.591	(0.07)	6.704	2.168	(0.006)
600 „	17.723	6.953	—	9.451	7.125	(0.18)	7.400	3.711	(0.016)
590 „	16.273	8.473	—	9.144	9.150	(0.33)	8.326	5.541	(0.034)
577 „	13.795	9.958	—	8.345	11.581	(0.65)	8.965	8.275	(0.079)
563.5 „	11.034	10.000	—	7.301	12.717	(1.15)	9.505	11.011	(0.169)
555 „	9.123	8.879	—	6.382	11.937	(1.55)	9.471	11.782	(0.260)
545 „	6.877	7.317	—	5.155	10.537	(2.05)	8.776	11.933	0.394
536 „	5.000	5.617	2.000	3.994	8.623	2.786	7.709	11.070	0.608
516.5 „	1.638	2.304	2.438	1.437	3.884	3.884	4.081	7.338	1.247
505 „	0.603	0.984	2.762	0.597	1.875	4.400	2.174	4.542	1.811
495 „	0.265	0.451	2.920	0.241	0.878	5.402	1.078	2.610	2.729
485 „	0.096	0.258	4.673	0.120	0.564	9.271	0.587	2.015	5.629
475 „	—	0.167	6.650	—	0.388	14.031	—	1.703	10.469
463 „	—	0.066	6.043	—	0.165	13.736	—	0.925	13.075
455 „	—	0.026	4.938	—	0.068	11.802	—	0.457	13.421
445 „	—	0.009	3.778	—	0.025	9.573	—	0.213	13.693
433 „	—	0.000	2.483	—	0.000	6.777	—	0.000	12.323
400 „	—	—	—	—	—	—	—	—	(2.763)

Tabelle XVII.

Für D.

λ	Dispersions-Spektrum des Gaslichtes			Interferenz-Spektrum des Gaslichtes			Interferenz-Spektrum des Sonnenlichtes		
	R	G	V	R	G	V	R	G	V
720 μμ	0.462	—	—	0.154	—	—	0.033	—	—
700 „	1.262	—	—	0.449	—	—	0.104	—	—
685 „	2.391	—	—	0.898	—	—	0.232	—	—
670 „	3.935	—	—	1.578	—	—	0.502	—	—
660 „	5.866	—	—	2.472	—	—	0.852	—	—
645 „	10.060	0.334	—	4.575	0.264	—	1.891	0.071	—
630 „	13.701	1.182	—	6.739	1.011	—	3.481	0.339	—
620 „	15.903	2.205	—	8.244	1.989	(0.02)	4.827	0.755	(0.001)
610 „	16.988	3.970	—	9.300	3.781	(0.07)	6.246	1.648	(0.006)
600 „	16.627	5.997	—	9.555	5.995	(0.18)	7.076	2.880	(0.016)
590 „	15.317	7.876	—	9.276	8.297	(0.33)	7.988	4.635	(0.034)
577 „	13.283	9.938	—	8.659	11.271	(0.65)	8.799	7.430	(0.067)
563.5 „	10.364	10.000	—	7.390	12.406	(1.15)	9.100	9.911	(0.168)
555 „	8.581	9.077	—	6.480	11.924	(1.55)	9.095	10.858	(0.259)
545 „	6.580	7.642	—	5.314	10.737	(2.05)	8.557	11.217	(0.392)
536 „	5.000	6.043	1.865	4.304	9.050	2.598	7.857	10.718	0.564
512 „	1.381	2.358	2.535	1.408	4.183	4.183	4.158	8.016	1.469
505 „	0.851	1.534	3.087	0.910	2.853	5.340	3.134	6.376	2.187
495 „	0.375	0.787	3.529	0.429	1.566	6.529	1.813	4.296	3.283
485 „	0.148	0.442	4.405	0.182	0.943	8.739	0.925	3.107	5.280
475 „	—	0.272	6.500	—	0.617	13.715	—	2.497	10.182
463 „	—	0.110	6.219	—	0.270	14.136	—	1.393	13.401
455 „	—	0.051	5.226	—	0.131	12.490	—	0.810	14.143
445 „	—	0.012	3.948	—	0.033	10.004	—	0.256	14.250
433 „	—	—	2.407	—	—	6.571	—	—	11.900
400 „	—	—	—	—	—	—	—	—	(2.668)

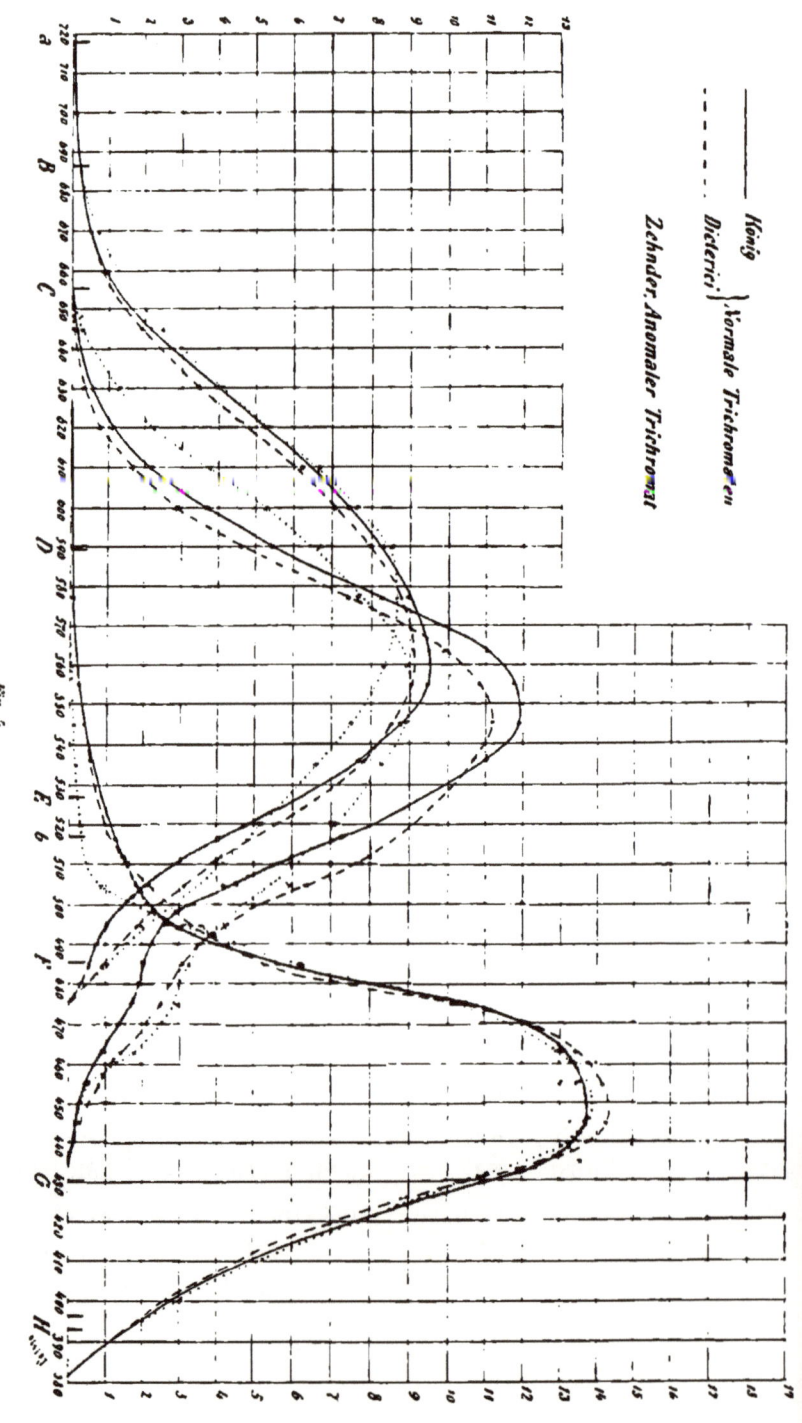

Fig. 3.

haltenen Messungen können wir die Schnittpunkte der Kurven entnehmen. Für Sonnenlicht sind sie in der Fig. 5 bereits abzulesen, und für Lampenlicht haben wir ebenfalls die entsprechende Figur aufgezeichnet.[1]
Indem wir beide Werte, die theoretisch identisch sein müssen, miteinander vergleichen, erhalten wir eine Kontrolle für die Richtigkeit unserer Elementar-Empfindungs-Kurven; nur bei den Werten von λ_{gr} für Lampenlicht ist die absolut genaue Übereinstimmung selbstverständlich, da wir von ihr ja bei der Berechnung der Elementar-Empfindungs-Kurve V ausgegangen sind.

Die folgende Tabelle XVIII. enthält für uns beide die Zusammenstellung dieser Werte und die Angabe der thatsächlich vorhandenen Differenzen (Wert aus den Kurven minus Wert aus den Komplementärfarben).

Tabelle XVIII.

Beobachter	Lampenlicht λ_{rg}			Sonnenlicht λ_{rg}			Sonnenlicht λ_{gv}		
	Schnittpunkt der Kurven	Komplementärf. d. Endstrecke	Differenz	Schnittpunkt der Kurven	Komplementärf. d. Endstrecke	Differenz	Schnittpunkt der Kurven	Komplementärf. d. Endstrecke	Differenz
K.	589.8 μμ	588.8 μμ	+ 1.0 μμ	573.0 μμ	573.0 μμ	0.0 μμ	495.6 μμ	496.3 μμ	− 0.7 μμ
D.	586.0 μμ	585.5 μμ	+ 0.5 μμ	569.2 μμ	570.6 μμ	− 1.4 μμ	491.9 μμ	494.1 μμ	− 2.2 μμ

Wie man sieht, sind die Differenzen sehr gering. Ob man aus dem Umstand, dafs sie beim Lampenlicht gröfser als Null, beim Sonnenlicht aber gleich oder kleiner als Null sind, einen Schlufs auf eine durchgehend vorhandene, freilich kleine Unrichtigkeit in den benutzten Umrechnungskoeffizienten ziehen darf, lassen wir dahingestellt. Sei es, dafs hierin, sei es, dafs in blofs zufälligen Beobachtungsfehlern der hergestellten

---

[1] Um die Schnittpunkte genau zu bestimmen, wurden die hier allein in Betracht kommenden Teile der Kurven in einem bedeutend gröfseren Mafsstabe aufgezeichnet, als er der Fig. 5 zu Grunde liegt.

Farbengleichungen die Ursache liegt, jedenfalls weicht der thatsächliche Verlauf der von uns definierten Elementar-Empfindungs-Kurven nur unbedeutend von dem durch unsere Rechnungen gefundenen ab.

b) Anomale trichromatische Farbensysteme.

§ 18. Die Farbengleichungen, ihre unmittelbaren Ergebnisse und die Berechnung der Elementar-Empfindungs-Kurven. Dem, was wir in den §§ 13 und 14 über die Auswahl der Farbengleichungen gesagt haben, ist hier nichts mehr hinzuzufügen. Die folgende Tabelle XIX. enthält in genau derselben Anordnung, die wir bei unseren eigenen Farbensystemen benutzt haben, die Koeffizienten der von Hrn. ZEHNDER hergestellten Gleichungen. Bei Prof. BECKER wurden nur einzelne Teile der Kurven näher untersucht. Die Zahl der Sätze ist aus den schon früher erörterten Gründen geringer, und nur ein Satz enthält Gleichungen der 3. Form.

Aus diesen Farbengleichungen wurden nun die Elementar-Empfindungs-Kurven, die wir hier mit R', G' und V' bezeichnen wollen, in derselben Weise berechnet, wie es oben für die normalen trichromatischen Systeme ausführlich dargelegt worden ist. Nur bei der Kurve für V' trat insofern eine Abweichung ein, als die hier etwas gröfsere Unsicherheit der Gleichungen nicht mehr gestattete, die Berechnung von dem Schnittpunkte λ_{gr} nach dem roten Ende hin auch nur teilweise auszuführen, sondern man mufste von λ_{gc}, welches hier den Wert 505 $\mu\mu$ hat, die Kurve bis zum langwelligen Ende der Mittelstrecke (ca. 630 $\mu\mu$) in derselben Weise ausziehen, wie es bei uns erst von 536 $\mu\mu$ an geschah.

Die folgende Tabelle XX. enthält die Zahlenangaben über die Berechnung. Die Beobachtungen waren so angeordnet, dafs nur für den in den Gleichungen der 3. Form vorkommenden und die Ergebnisse wenig beeinflussenden Wert von $L_{\lambda'}$ graphische Interpolationen erforderlich wurden, was bei den hier ohnehin etwas unsicheren Werten der Koeffizienten von besonderem Vorteil ist.

§ 19. Zusammenstellung und Umrechnung der Ergebnisse. — Prüfung vermittelst der Komplementärfarben. Da wir über den Verlauf der R'-Kurve in der langwelligen Endstrecke bei Hrn. ZEHNDER keine besonderen

Tabelle XIX.
(Hr. L. Zehnder.)

I.
$$L_\lambda = a \cdot L_{670} + b \cdot L_{577}$$

λ	a	b
670 $\mu\mu$	1.—	0.—
645 „	2.107	0.1388
630 „	1.975	0.3930
620 „	1.655	0.5927
610 „	1.192	0.8202
600 „	0.7508	0.9781
590 „	0.3401	1.0150
577 „	0.—	1.—

II.
$$L_\lambda = a \cdot L_{620} + b \cdot L_{520}$$

λ	a	b
620 $\mu\mu$	1.—	0.—
610 „	0.8976	1.183
600 „	0.7683	2.153
590 „	0.5970	2.797
577 „	0.3567	3.186
560 „	0.1669	2.753
545 „	0.0697	2.119
535 „	0.0209	1.700
520 „	0.—	1.—

III.
$$L_\lambda = a \cdot L_{535} + b \cdot L_{475} - c \cdot L_{\lambda'}$$

λ	a	b	λ'	c
535 $\mu\mu$	1.—	0.—	—	—
520 „	0.5557	0.2103	685 $\mu\mu$	0.02570
505 „	0.2858	0.3000	650 „	0.00137
475 „	0.—	1.—	—	—

IV.
$$L_\lambda = a \cdot L_{505} + b \cdot L_{475}$$

λ	a	b
505 $\mu\mu$	1.—	0.—
495 „	0.3502	0.4500
485 „	0.1467	0.7681
475 „	0.—	1.—

V.
$$L_\lambda = a \cdot L_{485} + b \cdot L_{463}$$

λ	a	b
485 $\mu\mu$	1.—	0.—
475 „	0.3379	0.7920
463 „	0.—	1.—

VI.
$$L_\lambda = a \cdot L_{475} + b \cdot L_{433}$$

λ	a	b
475 $\mu\mu$	1.—	0.—
465 „	0.42500	1.244
455 „	0.08857	1.538
445 „	0.03571	1.256
433 „	0.—	1.—

Tabelle XX.

Elementarempfindung R'			Elementarempfindung G'			Elementarempfindung V'		
(III.) λ	Annahmen	Berechnung	(I.) λ	Annahmen	Berechnung	(IV.) λ	Annahmen	Berechnung
475 μμ	0.—	—	670 μμ	0.—	—	565 μμ	—	—
505 ,,	—	0.936	645 ,,	—	—	495 ,,	1.339	—
650 ,,	7.50	—	630 ,,	—	—	485 ,,	—	3.619
520 ,,	—	1.777	620 ,,	—	—	475 ,,	—	5.573
685 ,,	2.90	—	610 ,,	—	—			
535 ,,	3.52	—	600 ,,	—	—	(V.) λ	Annahmen	Berechnung
			590 ,,	—	9.781	495 μμ	5.573	—
(IV.) λ	Annahmen	Berechnung	577 ,,	10.150	10.150	485 ,,	7.000	—
475 μμ	0.—	—				475 ,,	—	7.000
485 ,,	—	0.137	(II.) λ	Annahmen	Berechnung	465 ,,	—	6.461
495 ,,	—	0.328	620 μμ	10.00	—			
505 ,,	0.936	—				(VI.) λ	Annahmen	Berechnung
			(III.) λ	Annahmen	Berechnung	475 μμ	7.00	—
(II.) λ	Annahmen	Berechnung	620 μμ	1) 5.927	—	465 ,,	6.65	—
530 μμ	1.777	—	610 ,,	2) 8.202	—	455 ,,	—	5.163
535 ,,	3.329	—	600 ,,	3) 9.781	—	445 ,,	—	3.600
545 ,,	—	1.310	590 ,,	4) 10.150	—	433 ,,	—	2.954
555 ,,	—	4.763	577 ,,	5) 10.000	—			
565 ,,	—	7.280			(1.5) 2.436			
575 ,,	—	10.766			(1.3) 2.428			
577 ,,	—	13.513			(1.4) 2.358			
590 ,,	—	14.820			(1.5) 2.418			
600 ,,	—	14.820			(2.3) 2.475			
610 ,,	—	14.947			(2.4) 2.418			
					(2.5) 2.386			
					(2.5) 2.482			
					(3.4) 2.268			
					(3.5) 2.497			
					(4.5) 2.600			
			560 ,,	Mittel:	2.382			
			545 ,,		7.547			
			535 ,,		5.460			
					4.173			

[1] Siehe Note auf der folgenden Seite.

Tabelle XX.
(Fortsetzung der beiden ersten Hauptspalten.)

Elementarempfindung R'			Elementarempfindung G'		
(I.)			(III.)		
λ	Annahmen	Berechnung	λ	Annahmen	Berechnung
577 $\mu\mu$	1) 10.766	—	535 $\mu\mu$	4.173	—
590 „	2) 13.513	—	520 „	2.382	—
600 „	3) 14.820	—	685 „	0.—	—
610 „	4) 14.947	—	475 „	—	0.300
620 „	5) 14.310	—	505 „	—	1.283
		(1.2) (7.603)	650 „	0.750	—
		(1.3) (5.714)			
		(1.4) (5.131)	(IV.)		
		(1.5) (4.791)	λ	Annahmen	Berechnung
		(2.3) 4.250			
670 „	—	(2.4) 4.391	505 $\mu\mu$	1.283	—
		(2.5) 4.407	495 „	—	0.584
		(3.4) 4.481	485 „	—	0.419
		(3.5) 4.441	475 „	0.300	—
		(4.5) 4.422			
		Mittel[1]: 4.440	(V.)		
630 „	—	13.000	λ	Annahmen	Berechnung
645 „	—	10.849			
			485 $\mu\mu$	0.419	—
			475 „	0.300	—
			463 „	—	0.127
			(VI.)		
			λ	Annahmen	Berechnung
			475 $\mu\mu$	0.300	—
			465 „	0.136	—
			433 „	—	0.000
			455 „	—	0.027
			445 „	—	0.001

[1] Diejenigen Werte, zu deren Berechnung Farbengleichungen, welche Licht von der Wellenlänge 577 $\mu\mu$ enthalten, benutzt sind, weichen nach derselben Richtung von allen übrigen ab. Vermutlich ist im Beobachtungssatz II ein Fehler untergelaufen, den wir nachher nicht mehr auffinden konnten, und zur Wiederholung war keine Zeit mehr. Wir haben daher die betreffenden Werte eingeklammert und von dem Mittel ausgeschlossen. Obschon bei G'_{520} (siehe Anfang dieser Tabelle auf der vorigen Seite) diese Werte keine merkliche Abweichung von den übrigen zeigten, mußten sie auch dort der Gleichmäßigkeit halber vom Mittel ausgeschlossen werden.

Messungsreihen angestellt haben, sondern uns nur durch vereinzelte Versuche davon überzeugten, daſs der Intensitätsabfall in dieser Spektralregion im allgemeinen mit dem unsrigen übereinstimmte, so haben wir die Mittelwerte der bei uns gemachten Messungen für ihn angenommen und danach R'_{720}, R'_{700} und R'_{685} aus dem von ihm beobachteten Werte R'_{670} berechnet. Sie sind in der nachfolgenden Tabelle XXI. in Klammern angegeben. Dasselbe gilt für den Wert V_{400} im Interferenz-Spektrum des Sonnenlichtes. Während wir in dieser Tabelle die Werte für die Elementar-Empfindungs-Kurven des Hrn. ZEHNDER in derselben Vollständigkeit und derselben Anordnung wie in den entsprechenden auf uns bezüglichen Tabellen XVI. und XVII. (S. 72 und 73) mitteilen, enthält die Tabelle XXII. für Prof. BECKER die Kurven nur so weit, als sie (unter gleichen Annahmen wie bei Hrn. ZEHNDER für die Ordinaten an den Enden der mitgeteilten Regionen) sicher berechnet werden konnten. Durch Vergleich der Kurven beider Beobachter ergiebt sich, daſs die einzelnen Unebenheiten, d. h. die einzelnen Punkte, welche auſserhalb eines glatten Verlaufes liegen, nur zufällige Beobachtungsfehler sind, denn fast nirgendwo zeigt sich eine derartig auffallende Stelle bei beiden Beobachtern für dieselbe Wellenlänge.

Die Prüfung durch die Komplementärfarben der Endstrecken ist hier, da wir nur die Komplementärfarben für Gaslicht bestimmt haben, auf einen einzigen Vergleich beschränkt. Bei Hrn. ZEHNDER ergiebt sich aus den Komplementärfarben $\lambda_{r_{II}} = $ ca. 600 $\mu\mu$, während der Schnittpunkt der Kurven bei 599 $\mu\mu$ liegt; die Differenz ist also hier in demselben Sinne wie oben (S. 75) berechnet, gleich ca. $+ 1\,\mu\mu$. Bei Prof. BECKER liegt der Schnittpunkt unter den soeben mitgeteilten Annahmen bei ca. 600 $\mu\mu$, während die Komplementärfarben für die kurzwellige Endstrecke ca. 602 $\mu\mu$ ergeben; die Differenz ist also hier ungefähr gleich $- 2\,\mu\mu$.

Es ist bereits oben erwähnt, daſs die drei Elementar-Empfindungs-Kurven von Hrn. ZEHNDER in Fig. 5 eingetragen sind.

§ 20. **Vergleich mit den normalen trichromatischen Farbensystemen.** Beim ersten Anblick der aufgezeichneten Kurven zeigt sich bei den anomalen Trichromaten ein viel unglatterer Verlauf als bei den normalen Trichromaten.

Wir müssen hierbei aber bedenken, daſs kleine Beobachtungsfehler durch die Umrechnung vom Dispersions-Spektrum des Gaslichtes auf das Interferenz-Spektrum des Sonnenlichtes um so mehr hervortreten, je kürzer die Wellenlänge des betreffenden Lichtes ist, da die Multiplikationskoeffizienten nach dieser Richtung sehr stark anwachsen. Es zeigt sich nun auch, daſs die Unebenheiten gerade in der kurzwelligeren Hälfte des Spektrum besonders auffällig sind. Zeichnet man aber eine Kurve für die aus den Beobachtungen direkt erhaltenen Werte im Dispersions-Spektrum des Gaslichtes auf, so sind die Fehler nicht nur gleichmäſsig verteilt, sondern auch viel geringer geworden. Daraus geht hervor, daſs wir es hier nur mit Beobachtungsfehlern zu thun haben, zu deren Ausgleichung wir durch glattes Ausziehen der Kurve berechtigt sind.

Über die einzelnen Kurven ist folgendes zu bemerken:

1. Die Kurve R' weicht einigermaſsen von der normalen Kurve R ab, obschon ihr Maximum an derselben Stelle liegt. — Es soll hier nicht verschwiegen werden, daſs eine kritische Betrachtung über die Abhängigkeit der Gestalt der Kurve von der Unsicherheit der Beobachtung eine merklich andere Form noch als innerhalb der Grenzen der möglichen Beobachtungsfehler liegend ergiebt. Die wesentlichste, weiter unten im Abschnitt V zu erwähnende charakteristische Eigentümlichkeit der Kurve ist jedoch völlig unabhängig von dieser Unsicherheit.

2. Die G'-Kurve zeigt groſse Unterschiede von der normalen Kurve G. Im Dispersions- und Interferenz-Spektrum des Gaslichtes ist ihr Maximum beträchtlich nach dem langwelligen Ende hin verschoben, und ihre Gestalt könnte als Übergangsform zwischen den normalen R- und G-Kurven derselben Spektren bezeichnet werden. Im Interferenz-Spektrum des Sonnenlichtes liegt ihr Maximum freilich beinahe an derselben Stelle wie das der normalen R-Kurve, aber ihre Form ist, wie aus Fig. 5 hervorgeht, eine ganz andere.

3. Da die Kurve V' sich fast ausschlieſslich über den kurzwelligen Teil des Spektrum erstreckt, so wird sie besonders von den im vorigen Paragraphen besprochenen Übelständen, welche von der Umrechnung der unmittelbaren Beobachtungs- und Rechnungsergebnisse herrühren, betroffen. Aus der Fig. 5 ist aber ersichtlich, daſs eine Führung der Kurve, welche sich ziemlich genau an den Verlauf der normalen

Tabelle XXI.

(Hr. L. Zehnder.)

λ	Dispersions-Spektrum des Gaslichtes			Interferenz-Spektrum des Gaslichtes			Interferenz-Spektrum des Sonnenlichtes		
	R'	G'	V'	R'	G'	V'	R'	G'	V'
720 μμ	(0.51)	—	—	0.192)	—	—	(0.044	—	—
700 „	(1.43)	—	—	0.578)	—	—	(0.145	—	—
685 „	(2.53)	—	—	(1.125)	—	—	(0.311)	—	—
670 „	4.440	—	—	2.008	—	—	0.689	—	—
645 „	10.850	1.388	—	5.566	0.941	—	2.481	0.291	—
630 „	13.000	3.930	—	7.214	3.265	—	4.020	1.259	—
620 „	14.310	5.927	—	8.371	5.191	—	5.287	2.269	—
610 „	14.947	8.202	—	9.235	7.586	(0.05)	6.690	3.804	(0.004)
600 „	14.820	9.781	—	9.605	9.496	(0.16)	7.672	5.250	(0.013)
590 „	13.513	10.150	—	9.228	10.387	(0.27)	8.571	6.678	(0.026)
577 „	10.766	10.000	—	7.918	11.013	(0.37)	8.678	7.684	(0.041)
560 „	7.280	7.547	—	5.987	9.296	(0.60)	8.341	8.964	(0.086)
545 „	4.763	5.460	—	4.339	7.450	(0.82)	7.536	8.956	(0.146)
535 „	3.320	4.173	—	3.244	6.108	(0.98)	6.618	8.274	(0.198)
520 „	1.777	2.382	—	1.931	3.867	(1.21)	5.147	7.135	(0.331)
505 „	0.936	1.283	1.339	1.128	2.317	2.317	4.191	5.958	0.882
495 „	0.328	0.584	3.619	0.423	1.127	6.695	1.929	3.558	3.129
485 „	0.137	0.419	5.573	0.190	0.867	11.056	1.041	3.288	6.210
475 „	—	0.300	7.000	—	0.661	14.770	0.000	3.081	10.194
465 „	—	0.127	6.461	—	0.300	14.686	—	1.784	12.931
455 „	—	0.027	5.163	—	0.071	12.330	—	0.507	12.971
445 „	—	0.001	3.600	—	0.025	10.034	—	0.223	13.280
433 „	—	—	2.954	—	—	8.064	—	—	13.570
400 „	—	—	—	—	—	—	—	—	(3.043)

Tabelle XXII.

(Hr. O. Becker.)

λ	Dispersions-Spektrum des Gaslichtes			Interferenz-Spektrum des Gaslichtes			Interferenz-Spektrum des Sonnenlichtes		
	R'	G'	V'	R'	G'	V'	R'	G'	V'
670 μμ	4.440	—	—	2.008	—	—	0.689	—	—
645 „	11.193	1.349	—	5.740	1.038	—	2.555	0.319	—
630 „	13.442	3.770	—	7.455	3.135	—	4.148	1.205	—
620 „	14.510	5.994	—	8.483	5.253	—	5.349	2.288	—
610 „	15.751	8.273	—	9.724	7.657	—	7.033	3.826	—
600 „	14.969	9.621	—	9.700	9.347	—	7.736	5.149	—
590 „	12.855	10.293	—	8.778	10.538	—	8.140	6.750	—
577 „	10.735	9.905	—	7.891	10.917	—	8.634	8.252	—
560 „	7.483	7.907	—	6.152	9.746	—	8.557	9.364	—
535 „	3.320	3.803	—	3.244	5.570	—	6.618	7.850	—
520 „	—	2.382	—	—	3.867	—	—	7.135	—
510 „	—	—	0.983	—	—	1.700	—	—	0.565
495 „	—	—	3.604	—	—	6.876	—	—	3.116
485 „	—	—	5.626	—	—	11.499	—	—	6.274
475 „	—	—	6.693	—	—	14.564	—	—	9.748
463 „	—	—	5.571	—	—	13.059	—	—	11.154
455 „	—	—	5.280	—	—	13.015	—	—	13.280
433 „	—	—	2.786	—	—	7.969	—	—	13.760
400 „	—	—	—	—	—	—	—	—	(3.085)

V-Kurve anschliefst, nur sehr wenig von den thatsächlich berechneten Punkten abweicht. Zu der Annahme einer völligen Gleichheit der normalen *V*-Kurve und der anomalen *V'*-Kurve sind wir aber vor allem durch den Umstand berechtigt, dafs alle Farbengleichungen, in denen ausschliefslich Licht von kleinerer Wellenlänge als 500 $\mu\mu$ verwendet wird, von normalen und anomalen Trichromaten gegenseitig anerkannt werden.

V. Die Grundempfindungen.

§ 21. Definition der Grundempfindungen und ihre Beziehung zu den Elementarempfindungen. Nachdem wir bisher die Analyse der Farbenempfindungen gänzlich frei von theoretischen Annahmen ausgeführt haben, geht die weitere Frage dahin, ob sich aus dem bisher Gewonnenen irgend welche Schlüsse auf die physiologischen Vorgänge machen lassen, welche die Farbenempfindungen auslösen. Wir wollen nunmehr unter „Grundempfindung" eine solche Empfindung verstehen, der ein einfacher (d. h. durch keine Art des Reizes weiter zerlegbarer) Prozefs in der Peripherie des Nervus opticus entspricht.[1] Die Anzahl der Grundempfindungen kann in keinem Farbensystem kleiner als diejenige der von uns eingeführten Elementarempfindungen sein, da es sonst unmöglich wäre, durch sie die Gesamtheit der in dem betreffenden Farbensystem auslösbaren Empfindungen eindeutig zu definieren. Wäre sie aber gröfser, so müfsten, wenigstens bei den thatsächlich bestehenden Farbenempfindungen, stets bestimmte, durch Gleichungen darstellbare Verknüpfungen zwischen den Intensitäten der ausgelösten Grundempfindungen vorhanden sein, und zwar müfste die Zahl dieser Verknüpfungen ebenso grofs sein wie die Differenz zwischen der Anzahl der Grundempfindungen und der Anzahl unserer Elementarempfindungen. Wenn man also eine derartige bisher durch keine sichere Erfahrungsthatsache gestützte Hypothese vermeiden will, so mufs man die Zahl der Grundempfindungen und Elementarempfindungen in jedem Farbensystem gleichsetzen.

---

[1] Dieser Begriff der Grundempfindung ist völlig identisch mit dem, was Donders, wie oben (§ 1) schon erwähnt, unter Fundamentalfarbe versteht.

Wir wollen nunmehr für die Grundempfindungen folgende Bezeichnungen einführen:

bei monochromatischen Systemen . . . . $\mathfrak{H}$
bei dichromatischen Systemen:
    erster Typus . . . . $\mathfrak{W}_1$ und $\mathfrak{K}_1$
    zweiter Typus . . . . $\mathfrak{W}_2$ und $\mathfrak{K}_2$
bei trichromatischen Systemen:
    normal . . . . $\mathfrak{R}$, $\mathfrak{G}$ und $\mathfrak{B}$
    anomal . . . . $\mathfrak{R}'$, $\mathfrak{G}'$ und $\mathfrak{B}'$

Da von zwei gleich aussehenden Farben immer die Grundempfindungen in gleicher Stärke ausgelöst werden müssen, so können wir in unseren bisher aufgeführten Farbengleichungen L durch eine der Grundempfindungen des betreffenden Farbensystems ersetzen. Weil nun L aber auch durch die Elementarempfindungen ersetzt werden konnte und die Farbengleichungen sämtlich homogen und linear sind, so besteht folgende Beziehung:

Die Intensitäten der Grundempfindungen eines Farbensystems sind homogene lineare Funktionen der Intensitäten seiner Elementarempfindungen; doch können einzelne Koeffizienten dieser Funktionen gleich Null sein, so daß im besonderen Falle eine Grundempfindung mit einer unserer Elementarempfindungen identisch sein kann.

Wir haben also die Relationen:

1. für monochromatische Systeme:

$$\mathfrak{H} = \alpha \cdot H$$

2. für dichromatische Systeme:
   a) vom ersten Typus:

$$\mathfrak{W}_1 = \alpha_1' \cdot W_1 + \beta_1' \cdot K$$
$$\mathfrak{K}_1 = \alpha_1'' \cdot W_1 + \beta_1'' \cdot K$$

   b) vom zweiten Typus:

$$\mathfrak{W}_2 = \alpha_2' \cdot W_2 + \beta_2' \cdot K$$
$$\mathfrak{K}_2 = \alpha_2'' \cdot W_2 + \beta_2'' \cdot K$$

3. für trichromatische Systeme:
   a) normale

$$\mathfrak{R} = a' \cdot R + b' \cdot G + c' \cdot V$$
$$\mathfrak{G} = a'' \cdot R + b'' \cdot G + c'' \cdot V$$
$$\mathfrak{B} = a''' \cdot R + b''' \cdot G + c''' \cdot V$$

b) anomale:

$$\mathfrak{R}' = a_1' \cdot R' + b_1' \cdot G' + c_1' \cdot V$$
$$\mathfrak{G}' = a_1'' \cdot R' + b_1'' \cdot G' + c_1'' \cdot V$$
$$\mathfrak{B}' = a_1''' \cdot R' + b_1''' \cdot G' + c_1''' \cdot V$$

§ 22. **Die Beziehung der verschiedenen Farbensysteme zu einander.** Die einfachste Beziehung, welche zwischen den Farbensystemen verschiedenfacher Mannigfaltigkeit gedacht werden kann, besteht in der Annahme, daſs die Grundempfindungen monochromatischer resp. dichromatischer Systeme mit einer resp. mit zweien der Grundempfindungen trichromatischer Systeme identisch sind, oder daſs wenigstens zwischen den monochromatischen und dichromatischen Systemen eine derartige Beziehung vorhanden ist. Ob dieses der Fall, läſst sich experimentell und rechnerisch leicht prüfen.

Experimentell müſste sich diese Beziehung dadurch kund thun, daſs die für Farbensysteme gröſserer Mannigfaltigkeit gültigen Farbengleichungen (abgesehen von den geringen individuellen Abweichungen) von Personen mit Farbensystemen niederer Mannigfaltigkeit stets anerkannt werden; umgekehrt braucht es nur ausnahmsweise der Fall zu sein.

Rechnerisch müſsten sich dann erstens in den Gleichungen des vorigen Paragraphen solche Werte für die verschiedenen α, β, a, b und c finden lassen, daſs mit Benutzung der experimentell gefundenen Elementar-Empfindungs-Kurven die in unserer Annahme vorausgesetzte Identität der Grund-Empfindungs-Kurven einträte und zweitens müſsten bei zwei in derartiger Beziehung stehenden Farbensystemen die Farbengleichungen des Systems niederer Mannigfaltigkeit vereinbar sein mit den Elementar-Empfindungs-Kurven (und auch mit den aus ihnen zu gewinnenden Grund-Empfindungs-Kurven) des Systems höherer Mannigfaltigkeit.

Bei einiger Übung in derartigen Betrachtungen läſst sich auch sehr leicht aus der graphischen Aufzeichnung der Kurven durch bloſse Anschauung finden, ob Relationen der genannten Art wenigstens annähernd vorhanden sind.

Für die einzelnen Farbensysteme ergiebt sich nun folgendes:

1. Für **monochromatische Systeme** zeigt sich durch Experiment und Rechnung (hier auch besonders leicht durch anschauliche Betrachtung der Kurven), dafs eine derartige Beziehung nicht besteht. Keine der von Dichromaten und Trichromaten hergestellten Gleichungen wird von den Monochromaten anerkannt. Wir kommen also zu folgendem Ergebnis: Die bisher genauer untersuchten angeborenen [1] monochromatischen Farbensysteme können nicht entstanden gedacht werden durch Wegfall von einer oder zwei der Grundempfindungen der bisher untersuchten dichromatischen und trichromatischen Systeme.[2] Damit ist aber auch die Annahme hinfällig geworden, dafs die Grundempfindung *II* des monochromatischen Systems identisch sei mit der Weifs-Empfindung der übrigen Farbensysteme, wie dies von Hrn. E. Hering angenommen wird.[3]

2. Bei den **dichromatischen Systemen** ist das Ergebnis unserer Untersuchung ein ganz anderes. — Alle Farben-

---

[1] Bei pathologisch entstandener Monochromasie liegen vielleicht die Verhältnisse anders. Vergl. A. König, *Über den Helligkeitswert der Spektralfarben.* Hamburg 1891. S. 70.

[2] In unserer vorläufigen Mitteilung folgte an dieser Stelle der Satz: „Da man mit Hrn. Donders (*Gräfes Archiv*, Bd. 30. (1) S. 15. 1884) die monochromatischen Systeme wegen der übrigen immer gleichzeitig vorhandenen Eigenschaften des Gesichtssinnes als eine pathologische Abnormität zu betrachten hat, so ist der Mangel einer einfachen Beziehung zu den nicht-pathologisch veränderten Farbensystemen ohne weiteren Belang." Wenn damals Hr. E. Hering bereits seine wertvolle Untersuchung über die Beziehung zwischen der Helligkeitsverteilung im Spektrum der Monochromaten und der bei sehr geringer absoluter Intensität bestimmten Helligkeitsverteilung im Spektrum der normalen Trichromaten ausgeführt und veröffentlicht hätte (*Pflügers Arch.*, Bd. 49. S. 563. 1891), die seitdem Einer von uns bestätigt und auch noch auf Dichromaten sich erstreckend gefunden hat, so würden wir jene Zeilen nicht geschrieben haben. Jetzt ist eine Beziehung zwischen den monochromatischen Systemen und den Systemen höherer Mannigfaltigkeit nachgewiesen; dafs sie aber nicht die von Hrn. Hering angegebene ist, geht aus unseren übrigen Darlegungen hervor.

[3] Eine Vereinigung dieser Auffassung mit unseren experimentellen Ergebnissen würde nur dann nicht ausgeschlossen sein, wenn bei den in unseren Farbengleichungen benutzten Helligkeiten die Heringsche „Weifs-Empfindung" eine so untergeordnete Konstituente der miteinander verglichenen Empfindungen bildete, dafs ihre beträchtliche Ungleichheit

gleichungen der normalen Trichromaten werden von beiden Gruppen der Dichromaten anerkannt, womit schon ohne weiteres der experimentelle Nachweis geliefert ist, dafs die beiden Grundempfindungen eines jeden Dichromaten mit zweien der Grundempfindungen der Trichromaten identisch sind.[1] Es müfsten nun auch eigentlich sämtliche Farbengleichungen der normalen Trichromaten mit den für die Dichromaten erhaltenen Empfindungskurven vereinbar sein. Thatsächlich ergiebt sich aber, dafs dieses nur bei den Sätzen I, II und VI bis IX der Tabelle XII. der Fall ist, der während die Sätze III, IV und V mit der K-Kurve der Dichromaten nicht vereint werden können. Wir haben oben (§ 14, S. 54) aber bereits darauf hingewiesen, dafs gerade in diesen Sätzen bei den Trichromaten noch eine beträchtliche Menge blauen Lichtes auf einer beliebigen der beiden Seiten der Farbengleichungen beigemischt werden kann, ohne dafs eine Störung der Gleichheit eintritt. Es ist ersichtlich, dafs unter solchen Umständen eine Übereinstimmung der Beobachtungssätze mit der K-Kurve nicht erwartet werden kann; nur ein Zufall hätte dieses herbeiführen können. Dafs Farbengleichungen der Trichromaten, welche mit der K-Kurve sich vereinigen lassen, auch im Bereiche der Sätze III bis V möglich sind, geht aber aus der Thatsache hervor, dafs alle Gleichungen der Trichromaten, also auch die in diesem Spektralgebiete hergestellten, von den Dichromaten anerkannt werden.

Wenn man die Mittelwerte der erhaltenen Elementar-Empfindungs-Kurven zu Grunde legt, so ergiebt sich mit einer in Rücksicht auf die bestehenden (durch Absorption etc. veran-

---

auf beiden Seiten der „Farbengleichung" von Dichromaten und Trichromaten unbemerkt bleiben könnte. Die Folgerungen, die sich hieraus ergeben würden, sind leicht zu übersehen. Wir wollen auf sie hier aber nicht näher eingehen, da das vorliegende Beobachtungsmaterial zur völlig einwurfsfreien Entscheidung dieser Frage nicht ausreicht.

[1] Der theoretischen Vollständigkeit halber sei hier noch darauf hingewiesen, dafs aufser der genannten Beziehung auch noch eine solche bestehen kann, dafs eine von den drei Grundempfindungen der Trichromaten eine homogene lineare Funktion der beiden Grundempfindungen des einen Typus der Dichromaten und eine andere eine ebensolche Funktion der beiden Grundempfindungen des anderen Typus ist. Es wäre dieses aber eine so gekünstelte Beziehung, dafs dieselbe wenig wahrscheinlich und nicht weiter zu berücksichtigen ist.

lafsten) geringen individuellen Verschiedenheiten und die vorhandenen Beobachtungsfehler vollkommen genügenden Genauigkeit auch rechnerisch dieselbe Beziehung. Die erforderlichen Werte für die Koeffizienten α, β, a, b und c, sowie die Ordinaten der erhaltenen Grundempfindungen werden im folgenden Paragraphen mitgeteilt.

Hrn. HERINGS Theorie der Gegenfarben stellt eine ähnliche Beziehung zwischen den dichromatischen und den trichromatischen Systemen auf, indem sie in den ersteren den Wegfall einer der in den letzteren vorhandenen Grundempfindungen annimmt, doch ist bei allen Dichromaten der Ausfall immer derselbe, und die bestehenden Verschiedenheiten unter ihnen, welche wir in zwei scharf getrennte Typen einordnen konnten, betrachtet sie als von sekundärer Bedeutung. Diese Auffassung steht in unvereinbarem Widerspruch mit unseren Ergebnissen.[1]

3. Da anomale Trichromaten und normale Trichromaten die von ihnen hergestellten Farbengleichungen gegenseitig nicht anerkennen (abgesehen von dem schon oben erwähnten Fall, dafs nur blaues Licht in den Gleichungen enthalten ist), und da beide Gruppen die gleiche Zahl (drei) Grundempfindungen haben, so folgt, dafs sie mindestens in einer Grundempfindung derartig voneinander abweichen müssen, dafs die nicht übereinstimmende Grundempfindung der einen Gruppe sich in keinerlei Weise als homogene lineare Funktion der Grundempfindungen der anderen Gruppe darstellen läfst. Die Rechnung ergiebt nun thatsächlich auch, dafs nur zwei gleiche Grundempfindungen möglich sind, und zwar sind sie identisch mit denjenigen, welche durch die soeben durchgeführte Vergleichung mit den dichromatischen Systemen gewonnen wurden, während für die dritte beträchtliche Abweichungen bestehen bleiben.

§ 23. **Die Beziehung der erhaltenen Grundempfindungen zu den Elementarempfindungen und ihre Intensitäts-Kurven im Spektrum.**

Wenn wir die soeben erhaltenen Grundempfindungen in gleicher Weise als Funktion der Wellenlänge des Lichtes dar-

---

[1] Wir unterlassen es, auf eine an dieser Stelle naheliegende Kritik der Erklärung der Farbenblindheit aus der Theorie der Gegenfarben näher einzugehen, da die vorliegende Abhandlung nur rein experimentelle Ergebnisse und die unmittelbar daraus abzuleitenden Folgerungen enthalten soll.

stellen, wie es bei den Elementarempfindungen geschehen ist, so zeigt sich, dafs an keiner Stelle des Spektrum negative Ordinaten vorhanden sind.

Wir haben also bei unserer Annahme nicht nötig, in dem Optikus antagonistisch wirkende Vorgänge vorauszusetzen, sondern können uns auf die Berücksichtigung der Zustände der Ruhe und der Erregung beschränken. Es ist dieses nach unserer Auffassung ein Vorteil gegenüber Hrn. Herings Theorie, da wir in den motorischen Nerven, die doch mit den Sinnesnerven in allen sonstigen fundamentalen Eigenschaften übereinstimmen, auch nur diese beiden Zustände, nicht aber zwei entgegengesetzte Erregungsprozesse kennen.[1]

Indem wir nun wieder die rein rechnungsmäfsige und die Anschauung erleichternde Annahme für den Mafsstab jeder Grundempfindung machen, dafs (ebenso wie bei den Elementarempfindungen) das über die ganze Ausdehnung des Spektrum genommene Integral gleich 1000 sei, haben wir für diese Reduktion die rechten Seiten der Gleichungen auf S. 85 und 86 durch die jedesmalige algebraische Summe der benutzten Koeffizienten zu dividieren.

Wir erhalten also (unter Weglassung der Gleichung für monochromatische Systeme):

1. für dichromatische Systeme:
    a) vom ersten Typus:

$$\mathfrak{W}_1 = \frac{\alpha_1'.W_1 + \beta_1'.K}{\alpha_1' + \beta_1'},$$

$$\mathfrak{K}_1 = \frac{\alpha_1''.W_1 + \beta_1''.K}{\alpha_1'' + \beta_1''};$$

b) vom zweiten Typus:

$$\mathfrak{W}_2 = \frac{\alpha_2'.W_2 + \beta_2'.K}{\alpha_2' + \beta_2'},$$

---

[1] Neuerdings hat Hr. E. Hering (Vergl. E. Hering, Zur Theorie der Vorgänge in der lebendigen Substanz. *Lotos*. Bd. IX. 1888) freilich versucht, seine von der herrschenden Auffassung abweichenden Ansichten auch für die Vorgänge in Muskeln und motorischen Nerven durchzuführen.

$$\mathfrak{K}_2 = \frac{\alpha_2'' . W_2 + \beta_2'' . K}{\alpha_2'' + \beta_2''};$$

2. für trichromatische Systeme:
   a) normal:

$$\mathfrak{R} = \frac{a' . R + b' . G + c' . V}{a' + b' + c'},$$

$$\mathfrak{G} = \frac{a'' . R + b'' . G + c'' . V}{a'' + b'' + c''},$$

$$\mathfrak{B} = \frac{a''' . R + b''' . G + c''' . V}{a''' + b''' + c'''};$$

b) anomal:

$$\mathfrak{R}' = \frac{a_1' . R' + b_1' . G' + c_1' . V}{a_1' + b_1' + c_1'},$$

$$\mathfrak{G}' = \frac{a_1'' . R' + b_1'' . G' + c_1'' . V}{a_1'' + b_1'' + c_1''},$$

$$\mathfrak{B}' = \frac{a_1''' . R' + b_1''' . G' + c_1'' . V}{a_1''' + b_1''' + c_1'''}$$

Die im vorigen Paragraphen erwähnten Beziehungen zwischen den verschiedenen Farbensystemen werden erhalten, indem wir nunmehr setzen:

1. für dichromatische Systeme:
   a) vom ersten Typus:

$$\begin{array}{ll} \alpha_1' = 1 & [\beta_1' = 0.1] \\ \alpha_1'' = 0 & \beta_1'' = 1 \end{array}$$

b) vom zweiten Typus:

$$\begin{array}{ll} \alpha_2' = 1 & [\beta_2' = 0] \\ \alpha_2'' = 0 & \beta_2'' = 1 \end{array}$$

2. für trichromatische Systeme:
   a) normal:

$$a' = 1 \quad b' = -0.15 \quad [c' = 0.1]$$
$$a'' = 0.25 \quad b'' = 1 \quad [c'' = 0]$$
$$a''' = 0 \quad b''' = 0 \quad c''' = 1$$

b) anomal

$$a_1' = 1 \quad b_1' = 0 \quad [c_1' = 0.1]$$
$$a_1''' = 0 \quad b_1''' = 0 \quad c_1''' = 1$$

Die Bestimmtheit und Eindeutigkeit, mit der sich diese numerischen Werte der Koeffizienten angeben lassen, ist durchaus nicht bei allen die gleiche.[1] Im wesentlichen haben wir zwei Gruppen zu unterscheiden:

1. Die nicht eingeklammerten Werte sind bis auf den Grad der Unsicherheit, welcher durch die Beobachtungsfehler bei der Herstellung der Farbengleichung bedingt ist und welcher also auch unseren Elementar-Empfindungs-Kurven zukommt, völlig eindeutig. Diese Unsicherheit verhindert es zu entscheiden, ob man vielleicht, um zu einer noch etwas besseren Übereinstimmung zu kommen, den hier gleich Null gesetzten Koeffizienten a_1'', a_2'', a''', b''', b_1' und b_1''' einen sehr kleinen von Null verschiedenen Wert beizulegen habe.

2. Die eingeklammerten Werte hingegen sind bis auf gewisse Einschränkungen völlig willkürlich. — Die Koeffizienten β_2' und c'' müssen zwar stets gleich angenommen werden, können aber jeden beliebigen nicht negativen Wert erhalten, ohne daſs dadurch die hier gefundene Beziehung gestört wird. Wir haben die einfachste Annahme gemacht und beide gleich Null gesetzt. Etwas anders liegen die Verhältnisse hinsichtlich der Koeffizienten β_1', c' und c_1'. Da b' negativ genommen werden muſs, um das Maximum der Kurve $\mathfrak{R}$ mit dem Maximum von W_1 und R' an dieselbe Stelle des Spektrum zu bringen, so würde, wenn man $c' = 0$ annähme, die $\mathfrak{R}$-Kurve am kurzwelligen Ende negative Ordinaten haben; um diese nun

---

[1] Vergl. die weiter unten § 24, S. 105—107, an der Hand der NEWTONschen Farbentafel gegebene Darstellung des Inhaltes der folgenden Diskussion.

zu beseitigen, muſs man c' einen positiven, einen gewissen Betrag übersteigenden, sonst aber willkürlichen Wert geben; diese untere Grenze für c' ist 0.0244 bei K. und 0.0368 bei D. Dann erhält aber die $\Re$-Kurve auch in der kurzwelligen Endstrecke positive Werte, und um dieses auch bei den Kurven $\mathfrak{W}_1$ und $\Re'$ zu erzielen, muſs man für die Koeffizienten β_1' und c_1' Werte annehmen, welche hier einen mit der $\Re$-Kurve einigermaſsen übereinstimmenden Verlauf bewirken. Da die Abweichung zwischen K. und D. ohne Zweifel auf der Unsicherheit der Beobachtungen beruht, so sind wir berechtigt, für beide denselben Wert von c' zu wählen, der dann natürlich auch die gleiche Annahme für β_1' und c_1' zur Folge hat. In unserer vorläufigen Mitteilung über die vorliegende Untersuchung haben wir nun den Betrag von 0.1 angenommen. Seitdem ist, besonders durch Hrn. E. BRODHUNS[1] Bestimmung der spektralen Helligkeits-Verteilung, ein geringerer Betrag wahrscheinlich geworden; da aber eine derartige Änderung die nachfolgenden Schlüsse nicht beeinfluſst, so bleiben wir hier bei unserer alten Annahme.

Indem wir die angegebenen Werte der Koeffizienten in die Gleichungen einsetzen, erhalten wir:

1. für dichromatische Systeme:
   a) vom ersten Typus:

$$\mathfrak{W}_1 = \frac{W_1' + 0.1 \cdot K}{1.1}$$

$$\mathfrak{K}_1 = K$$

b) vom zweiten Typus:

$$\mathfrak{W}_2 = W_2'$$
$$\mathfrak{K}_2 = K$$

2. für trichromatische Systeme:
   a) normal:

$$\mathfrak{R} = \frac{R - 0.15 \cdot G + 0.1 \cdot V}{0.95}$$

---

[1] E. BRODHUN, *Beiträge zur Farbenlehre* Inaug.-Dissert. Berlin 1887.

$$\mathfrak{G} = \frac{0.25 \cdot R + G}{1.25}$$

$$\mathfrak{B} = V$$

b) anomal:

$$\mathfrak{R}' = \frac{R + 0.1 \cdot V}{1.1}$$

$\mathfrak{G}'$ unbestimmbar,

$\mathfrak{B}' = V$.

Führen wir diese Rechnungen aus, so erhalten wir die in der folgenden Tabelle XXIII. angegebenen Werte für $\mathfrak{W}_1, \mathfrak{W}_2$, $\mathfrak{R}, \mathfrak{G}$ und $\mathfrak{R}'$, wobei noch zu bemerken ist, dafs bei $\mathfrak{W}_1$ und $\mathfrak{W}_2$ nur die Mittelwerte der bei den zwei Beobachtern erhaltenen Zahlen angegeben sind.

Die Fig. 6 zeigt die durch diese Zahlen dargestellten Grund-Empfindungs-Kurven, und zwar geht hier die Kurvenführung stets genau durch die eingetragenen Punkte, damit man ein anschauliches Mafs für die gewonnene Übereinstimmung erhält. Aufserdem ist noch der Vollständigkeit halber die aus sämtlichen Mittelwerten gebildete Kurve für $\mathfrak{B}$ eingezeichnet.

Wir sehen somit, dafs mit einer in Rücksicht auf die vorhandenen Beobachtungsfehler und auf die früher schon erwähnten Verschiedenheiten in der Lichtabsorption durch das Pigment der Macula lutea vollkommen genügenden Genauigkeit folgende Gleichheiten[1] bestehen:

$$\mathfrak{W}_1 = \mathfrak{R} = \mathfrak{R}'$$
$$\mathfrak{W}_2 = \mathfrak{G}$$
$$\mathfrak{K}_1 = \mathfrak{K}_2 = \mathfrak{B} = \mathfrak{B}'.$$

Wir haben oben (S. 44 und 81) auf die verhältnismäfsig grofse Unsicherheit der erhaltenen Elementar-Empfindungs-Kurve

---

[1] Nur an dem kurzwelligen Ende des Spektrum bestehen einige Abweichungen, die aber bei der Form der Darstellung, wie sie in Fig. 6 befolgt ist (Intensitätskurven der Grundempfindungen), nicht besonders hervortreten. Im folgenden Paragraphen, wo wir die Konfiguration der Farbentafel besprechen, wird dieser Punkt noch eingehender erwähnt werden.

Tabelle XXIII.
Ordinaten der Grund-Empfindungs-Kurven.

λ	Für dichromatische Systeme		Für trichromatische Systeme				Z.
			K.		D.		
	$\mathfrak{W}_1$	$\mathfrak{W}_2$	$\mathfrak{R}$	$\mathfrak{G}$	$\mathfrak{R}$	$\mathfrak{G}$	$\mathfrak{R}'$
720 μμ	0.026	0.003	0.035	0.006	0.035	0.006	0.040
700 „	0.087	0.010	0.116	0.021	0.109	0.020	0.132
685 „	0.176	0.020	0.243	0.043	0.245	0.043	0.283
670 „	0.437	0.046	0.546	0.104	0.529	0.100	0.626
650 „	1.42	0.233	—	—	—	—	—
645 „	—	—	2.264	0.533	1.979	0.435	2.265
630 „	3.55	0.76	4.112	1.234	3.610	0.967	3.565
620 „	4.92	1.48	5.327	1.930	4.962	1.570	4.806
610 „	6.04	2.55	6.714	3.075	6.316	2.568	6.082
600 „	7.00	3.78	7.205	4.449	7.000	3.719	6.975
590 „	7.64	5.56	7.892	6.097	7.680	5.306	7.800
580 „	7.97	7.34	—	—	—	—	—
577 „	—	—	8.139	8.413	8.110	7.704	7.893
570 „	7.99	9.40	—	—	—	—	—
563.5 „	—	—	8.284	10.709	8.042	9.749	—
560 „	7.77	10.27	—	—	—	—	7.591
555 „	—	—	8.137	11.320	7.886	10.507	—
550 „	7.37	10.55	—	—	—	—	—
545 „	—	—	7.395	11.300	7.278	10.685	6.865
540 „	—	10.39	—	—	—	—	—
536 „	—	—	6.432	10.398	6.637	10.146	—
535 „	—	—	—	—	—	—	5.790
530 „	5.80	9.64	—	—	—	—	—
520 „	5.00	8.50	—	—	—	—	4.711
516.5 „	—	—	3.269	6.686	—	—	—
512 „	—	—	—	—	3.266	7.244	—
505 „	3.31	6.26	1.772	4.014	2.523	5.727	3.890
495 „	2.02	4.31	1.010	2.303	1.576	3.800	2.038
485 „	1.49	2.72	0.892	1.730	1.040	2.670	1.511
475 „	1.39	1.265	0.834	1.362	0.678	2.000	0.927
463 „	1.42	0.520	1.230	0.740	1.201	1.114	1.165
455 „	1.42	0.173	1.340	0.366	1.360	0.648	1.179
445 „	1.35	—	1.407	0.170	1.460	0.200	1.207
433 „	—	—	1.297	—	1.252	—	1.234
430 „	1.12	—	—	—	—	—	—
400 „	0.210	—	0.291	—	0.281	—	0.277

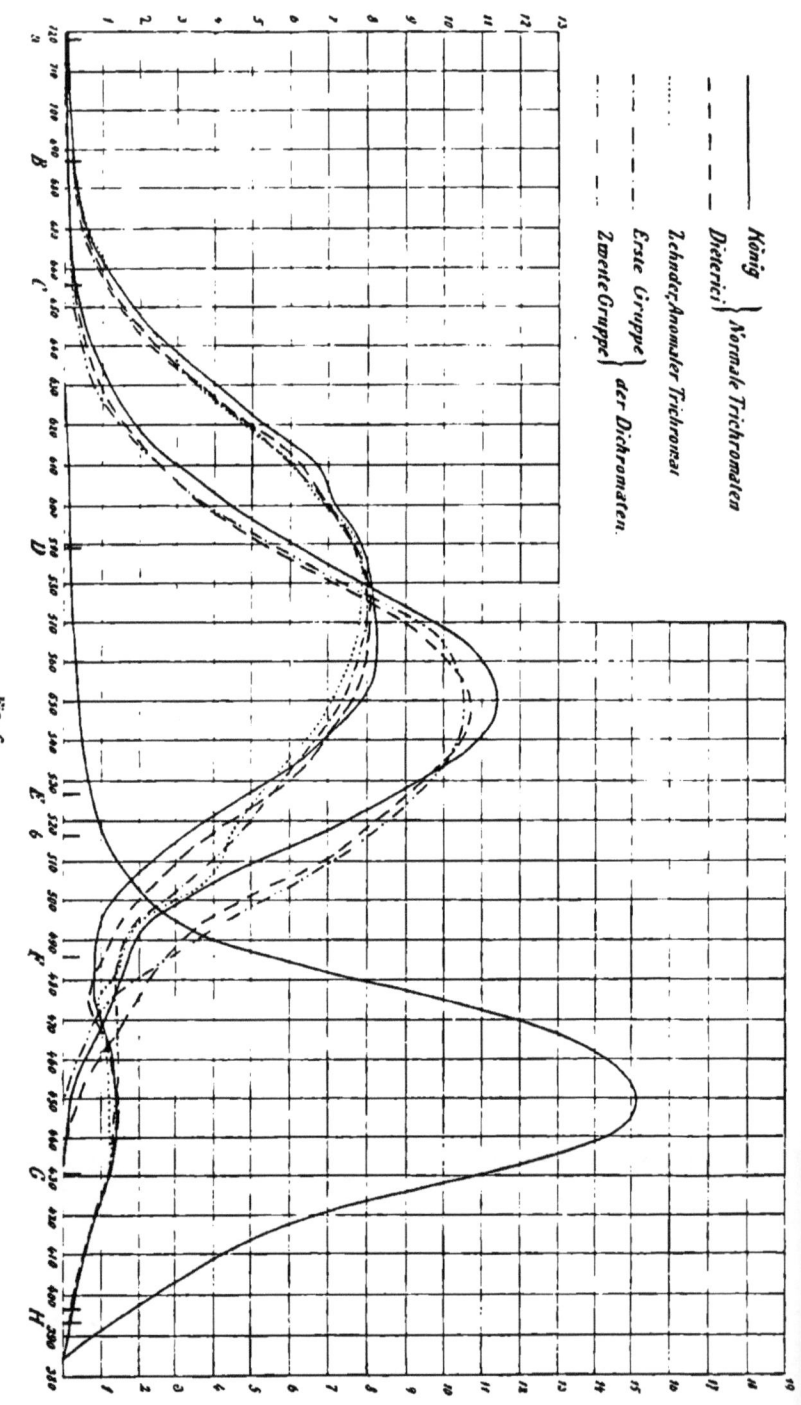

Fig. 6.

R' der anomalen Trichromaten hingewiesen und müssen daher hier die Frage erörtern, wieweit hierdurch die gefundene Übereinstimmung der Grund-Empfindungs-Kurven $\Re$ und $\Re'$ in Zweifel gezogen werden kann. Aus der Art, wie wir die Elementar-Empfindungs-Kurven berechnen mußten, ergiebt sich, daß jeder einzelne Mischungssatz nicht nur die Führung der Kurve auf der von ihm umschlossenen Strecke bestimmt, sondern, da das durch ihn Gefundene bei der rechnerischen Verwertung der übrigen Mischungssätze wieder zu Grunde gelegt werden muß, den ganzen übrigen Verlauf der Kurve beeinflußt, und zwar so sehr, daß unter Umständen eine kleine Änderung der Koeffizienten den ganzen Charakter der Kurve modifiziert; insbesondere ist dieses bei den Mischungssätzen der 3. Form der Fall. Es ist aber ersichtlich, daß infolge der Anordnung unserer Mischungssätze eine derartige Abweichung fast völlig durch andere numerische Werte der in unseren Gleichungen auf S. 91 und 92 vorkommenden Koeffizienten a_1, b_1 und c_1 bei der Bildung der Grund-Empfindungs-Kurven wieder ausgeglichen werden kann. Daher bedingt die Unsicherheit der Farbengleichungen unserer anomalen Trichromaten fast lediglich die Unsicherheit der zur Gleichheit von $\Re$ und $\Re'$ erforderlichen numerischen Werte der Koeffizienten a_1, b_1 und c_1. Die Möglichkeit einer derartigen Beziehung zwischen den normalen und anomalen Trichromaten, wie wir sie oben gefunden, geht übrigens unmittelbar daraus hervor, daß innerhalb der Breite der Beobachtungsfehler die Farbengleichungen der normalen Trichromaten mit der Kurve $\Re'$ und diejenigen der anomalen Trichromaten mit der Kurve $\Re$ vereinbar sind.

Wir können die Ergebnisse dieses Paragraphen in folgende Sätzen zusammenfassen:

1. Die beiden bisher genauer untersuchten Typen dichromatischer Farbensysteme kann man aus den normalen trichromatischen Systemen in der Art entstanden denken, daß bei dem einen Typus die Grundempfindung $\Re$, bei dem anderen die Grundempfindung $\mathfrak{G}$ fehlt.

2. Von den drei Grundempfindungen der anomalen Trichromaten können zwei mit denjenigen der normalen Trichromaten identisch sein. Die dritte Grundempfindung ist nicht nur in ihrer spektralen Verteilung in beiden Gruppen zweifellos verschieden, sondern es kann auch keine durch

eine homogene lineare Gleichung darstellbare Beziehung bestehen.[1]

§ 24. **Die Farbentafel und die Qualität der Grundempfindungen.** Wir haben oben (S. 41 § 11) schon der allgemeinen Eigenschaften der NEWTONschen Farbentafel Erwähnung gethan und wollen nunmehr auf Grund der benutzten Farbengleichungen und der aus ihnen abgeleiteten Ergebnisse eine solche Farbentafel konstruieren, wobei wir die Theorie derselben im allgemeinen als bekannt voraussetzen.

Der **Farbentafel** trichromatischer Systeme, (welche NEWTON allein bekannt waren), entspricht die **Farbengerade** der Dichromaten. (Bei den Monochromaten reduziert sich das ganze Farbensystem in dieser Art der Darstellung auf einen einzigen Punkt.)

Wir wollen nun für Dichromaten und beide Gruppen der Trichromaten die Farbengeraden und Farbentafeln (für das Sonnenlicht) konstruieren, indem wir zunächst die **Elementarempfindungen** in die Enden einer Geraden resp. die Ecken eines gleichseitigen Dreiecks legen.

Wenn wir für die Dichromaten mit ξ die laufenden Koordinaten der Farbengeraden bezeichnen, die W-Empfindung in den Punkt $\xi = 0$ und die K-Empfindung in den Punkt $\xi = 1$ legen, so erhalten wir

$$\xi = \frac{K}{W+K}$$

Bei den Trichromaten (normalen und anomalen) denken wir uns das gleichseitige Dreieck so gelegt, dafs der Eckpunkt, welcher der R- resp. R'-Empfindung entspricht, mit dem Anfangspunkt des Koordinaten-Systems xy zusammenfällt, und dafs der zweite Eckpunkt mit der V-Empfindung die Koordinaten $x=1$ und $y=0$ hat, dann liegt der dritte Eckpunkt des Dreiecks mit der G-Empfindung bei $x = 0.5$ und $y = V\frac{3}{4}$.

---

[1] In jüngster Zeit hat Hr. H. v. HELMHOLTZ (*Zeitschr. f. Psychologie u. Physiol. der Sinnesorgane*. Bd. II., S. 1, 1891 und Bd. III., S. 1, 1892) den Versuch gemacht, mit Benutzung der Beobachtungsresultate der vorliegenden Untersuchung durch eine Erweiterung des psychophysischen Grundgesetzes von FECHNER Schlüsse auf die Grundempfindungen zu machen. Wir unterlassen es, das Ergebnis dieses Versuches hier näher zu besprechen.

Wir haben dann

$$x = \frac{0.5 \cdot G + V}{R + G + V}$$

$$y = \frac{\sqrt{\tfrac{3}{4}} \cdot G}{R + G + V}$$

Die folgenden Tabellen XXIV. und XXV. enthalten diese Werte für die sieben vollständig untersuchten Farbensysteme. Von gröſserem Interesse ist es aber, wenn wir bei der Konstruktion der Farbentafel von den **Grundempfindungen** ausgehen, wobei wir uns freilich auf die normalen Trichromaten beschränken müssen, da wir über die Grundempfindung $\mathfrak{G}'$ der anomalen Trichromaten nichts Bestimmtes aussagen können. Geben wir dem Farbendreieck dieselbe Lage wie soeben, und verteilen die Grundempfindungen in der Art auf die Eckpunkte, daſs

für $\mathfrak{R}\begin{cases}x=0\\y=0\end{cases}$ für $\mathfrak{G}\begin{cases}x=0.5\\y=\sqrt{\tfrac{3}{4}}\end{cases}$ und für $\mathfrak{B}\begin{cases}x=1\\y=0\end{cases}$

so haben wir nunmehr

und

$$x = \frac{0.5 \cdot \mathfrak{G} + \mathfrak{B}}{\mathfrak{R} + \mathfrak{G} + \mathfrak{B}}$$

$$y = \frac{\sqrt{\tfrac{3}{4}} \cdot \mathfrak{G}}{\mathfrak{R} + \mathfrak{G} + \mathfrak{B}}$$

Die folgende Tabelle XXVI. enthält die Werte von x und y für unsere beiden normalen trichromatischen Farbensysteme.

In Fig. 7 sind die Orte derjenigen Spektralfarben eingetragen, für welche wir die Intensität der Grundempfindungen berechnet haben. Die von einem kleinen Kreise umgebenen Punkte ⊙ beziehen sich auf das Farbensystem von K., die kleinen Kreuzchen + auf dasjenige von D. Die mit einem ⊕ bezeichneten Punkte sind beiden Farbensystemen gemeinsam. Die Wellenlänge ist überall beigefügt. Auſserdem ist der

Tabelle XXIV.
Farbengerade dichromatischer Systeme.

λ	Erster Typus		Zweiter Typus	
	W. Waldeyer ξ	E. Brodhun, ξ	L. Kranke. ξ	H. Sakaki. ξ
720 $\mu\mu$ bis 630 $\mu\mu$	0.—	0.—	0.—	0.—
620 $\mu\mu$	0.0002	0.0010	—	—
605 „	0.004	0.004	—	—
590 „	0.005	0.007	—	0.0005
580 „	—	—	—	0.002
575	—	0.008	—	—
570 „	0.013	—	—	0.002
560 „	—	0.012	—	—
556 „	—	—	—	0.008
550 „	0.026	—	—	—
545 „	—	0.022	—	—
540 „	—	—	—	0.024
530 „	0.092	0.060	—	—
525 „	—	—	—	0.065
521 „	—	—	0.062	—
515 „	—	0.210	—	—
510 „	0.236	—	—	0.173
503 „	—	—	0.216	—
500 „	0.516	0.523	—	0.358
487.5 „	—	—	0.538	—
487	0.825	0.819	—	0.674
479 „	—	—	0.766	—
475 „	0.946	0.943	—	0.869
467.5 „	—	—	0.967	—
465 „	0.974	0.982	—	0.946
455	0.989	—	—	0.977
450 $\mu\mu$ bis 400 $\mu\mu$	1.—	1.—	1.—	1.—

Tabelle XXV.

Farbentafel trichromatischer Systeme.
(Elementarempfindungen.)

λ	Normal K. x	K. y	Normal D. x	D. y	Anomal Zehnder. x	Zehnder. y
720 μμ	0.—	0.—	0.—	0.—	0.—	0.—
700 „	0.—	0.—	0.—	0.—	0.—	0.—
685 „	0.—	0.—	0.—	0.—	0.—	0.—
670 „	0.—	0.—	0.—	0.—	0.—	0.—
645 „	0.027	0.047	0.018	0.031	0.052	0.091
630 „	0.060	0.104	0.044	0.077	0.119	0.206
620 „	0.087	0.151	0.068	0.117	0.150	0.260
610 „	0.123	0.211	0.105	0.181	0.182	0.314
600 „	0.168	0.289	0.146	0.250	0.204	0.352
590 „	0.202	0.345	0.186	0.317	0.220	0.379
577 „	0.243	0.414	0.232	0.395	0.237	0.406
563.5 „	0.274	0.461	0.267	0.447	—.	—
560 „	—	—	—	—	0.263	0.446
555 „	0.286	0.474	0.281	0.465	—	—
545 „	0.301	0.490	0.298	0.482	0.278	0.466
536 „	0.317	0.494	0.309	0.485	—	—
535 „	—	—	—	—	0.287	0.475
520 „	—	—	—	—	0.309	0.490
516.5 „	0.388	0.502	—	—	—	—
512 „	—	—	0.401	0.509	—	—
505 „	0.479	0.461	0.460	0.472	0.350	0.468
495 „	0.629	0.352	0.578	0.396	0.570	0.358
485 „	0.806	0.212	0.734	0.289	0.745	0.270
475 „	0.930	0.121	0.902	0.171	0.884	0.201
463 „	0.967	0.057	0.953	0.082	0.939	0.105
455 „	0.983	0.030	0.973	0.047	0.981	0.033
445 „	0.992	0.013	0.990	0.018	0.992	0.014
433 „	1.—	0.—	1.—	0.—	1.—	0.—

Tabelle XXVI.
Farbentafel trichromatischer Systeme.
(Grundempfindungen.)

λ	Für K.		Für D.	
	x	y	x	y
720 µµ	0.080	0.139	0.080	0.139
700 „	0.080	0.139	0.080	0.139
670 „	0.080	0.139	0.080	0.139
645 „	0.095	0.165	0.090	0.156
630 „	0.115	0.200	0.106	0.183
620 „	0.133	0.230	0.120	0.208
610 „	0.158	0.272	0.145	0.250
600 „	0.192	0.330	0.175	0.300
590 „	0.219	0.377	0.206	0.353
577 „	0.258	0.438	0.247	0.423
563.5„	0.288	0.484	0.281	0.470
555 „	0.300	0.497	0.296	0.488
545 „	0.317	0.513	0.312	0.504
536 „	0.333	0.516	0.325	0.506
516.5„	0.410	0.517	—	—
512 „	—	—	0.425	0.524
505 „	0.501	0.456	0.484	0.475
495 „	0.642	0.330	0.599	0.380
485 „	0.787	0.182	0.736	0.257
475 „	0.880	0.093	0.870	0.135
463 „	0.894	0.043	0.888	0.061
455 „	0.900	0.021	0.896	0.035
445 „	0.902	0.010	0.902	0.010
433 „	0.905	0.000	0.905	0.000
400 „	0.905	0.000	0.905	0.000

Weifs-Punkt, unserer Festsetzung gemäfs, in den gemeinsamen Schwerpunkt der gleich belasteten Ecken eingezeichnet.

Aus dieser Farbentafel (ebenso wie aber auch aus Fig. 6) ergeben sich als die den Grundempfindungen entsprechenden Nuancen

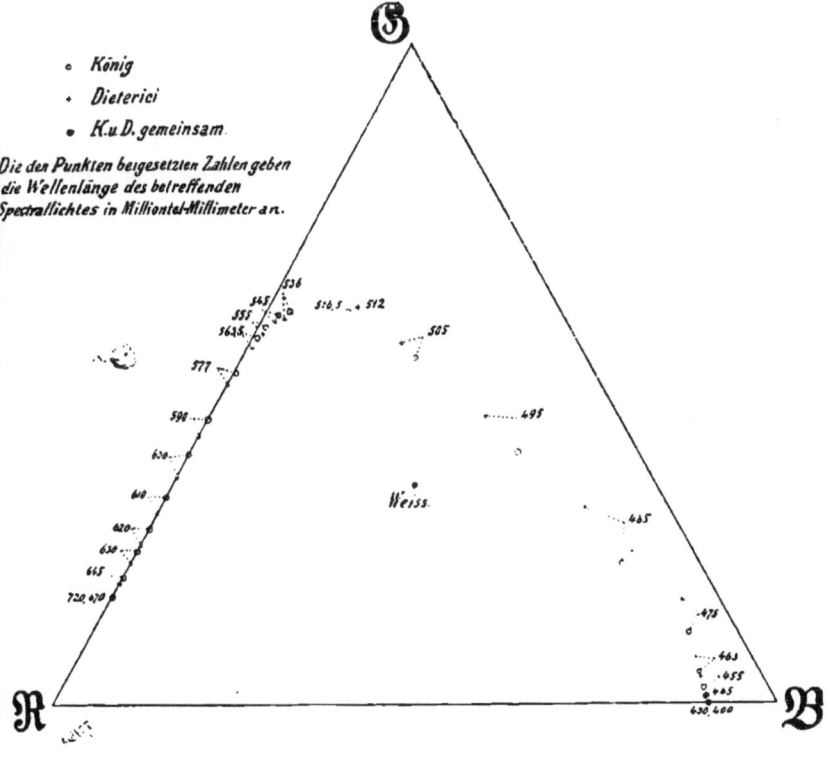

Fig. 7.

für 𝕽 ein Rot, welches etwas von dem Rot der langwelligen Endstrecke im Spektrum nach dem Purpur abweicht,

für 𝕲 ein Grün von der Wellenlänge etwa 505 $\mu\mu$,

für 𝕭 ein Blau von der Wellenlänge etwa 470 $\mu\mu$.[1]

---

[1] In unserer vorläufigen Mitteilung fuhren wir an dieser Stelle in folgender Weise fort: „Es sind die somit bestimmten Grundempfindungen genau diejenigen Farben, welche Hr. HERING, auf einer rein psychologischen Analyse der Farbenempfindungen fufsend, als „Ur-Rot", „Ur-Grün" und „Ur-Blau" bezeichnet. Das zu der Grundempfindung 𝕭 komplementäre Spektrallicht von der Wellenlänge etwa 575 $\mu\mu$ ist das „Ur-Gelb" des Hrn. HERING und entspricht dem Schnittpunkt der Grund-

Aus der Farbentafel geht ferner hervor, dafs unter den Grundempfindungen 𝔅 am meisten, 𝔊 am wenigsten gesättigt im Spektrum vertreten ist; die Farbentafel steht aufserdem im Einklang mit der Erfahrungsthatsache, dafs das spektrale Violet immer gesättigter ist, als irgend eine Mischung von spektralem Blau mit spectralem Rot. Wenn wir nunmehr annehmen, die Qualität der Grundempfindung 𝔊 sei beibehalten, die Gestalt ihrer Intensitäts-Kurve aber derjenigen von ℜ ähnlicher geworden, so haben wir die untersuchten anomalen trichromatischen Systeme. Ist sie dann so weit verändert, bis sie ganz mit derjenigen von ℜ zusammenfällt, so werden im Spektrum nur zwei Farbentöne (allerdings in verschiedener Sättigung) vorhanden sein, nämlich Blau ($\lambda =$ etwa $470\,\mu\mu$) und Gelb ($\lambda = 575\,\mu\mu$), und das so entstanden gedachte dichromatische System ist völlig identisch mit dem ersten Typus der untersuchten derartigen Systeme, wenn man annimmt, dafs die Grundempfindung $𝔅_1$ gleich Gelb, und $ℜ_1$ gleich Blau sei. Dieses ist aber thatsächlich der Fall, wie die Beobachtungen der Hrn. HIPPEL[1] und HOLMGREN[2] an einem Individuum lehren, dessen rechtes Auge ein dichromatisches, dessen linkes Auge aber ein trichromatisches Farbensystem besafs. Die geäufserte Anschauung von der unveränderten Qualität bei geänderter Intensitäts-Verteilung der Grundempfindung 𝔊 erweist sich demnach mit der Erfahrung in

---

Empfindungs-Kurven ℜ und 𝔊." Hr. E. HERING hat inzwischen (*Pflügers Arch.* Bd. 41, S. 44. 1887. und Bd. 47. S. 425. 1890) die dankenswerte Freundlichkeit gehabt, uns auf einen hier begangenen Irrtum aufmerksam zu machen: Unsere Grundempfindungen ℜ und 𝔊 können nicht beide zwei HERINGschen Gegenfarben (Ur-Rot und Ur-Grün) gleich sein, da diese komplementär gefärbt sind, während das für zwei unserer Grundempfindungen den Voraussetzungen der YOUNGschen Theorie gemäfs unmöglich der Fall sein kann. Nach Hrn. HERINGS Angabe ist sein „Ur-Rot" bläulicher als unsere Grundempfindung ℜ, und es weicht ebenfalls sein „Ur-Grün" von unserer Grundempfindung 𝔊 nach dem Blauen hin ab.

[1] A. v. HIPPEL, *Gräfes Archiv* Bd. 26 (2), S. 176, 1880, und Bd. 27 (3), S. 47, 1881.

[2] F. HOLMGREN, *Centralblatt f. d. med. Wissenschaften* 1880. S. 898. — Congrès internat. périodique des sciences médicales. 8me Session. Copenhague 1884. Section d'Ophtalmologie. *Ann. d'Oculistique.* Tome XCII, S. 132, 1884.

Einklang. Eine völlig analoge Auffassung ist hinsichtlich der zweiten Gruppe der Dichromaten möglich.

Inwiefern die übrigen von Hrn. HOLMGREN aufgefundenen und untersuchten Fälle unilateraler „Farbenblindheit" zur Stütze der Lehre von der Veränderlichkeit der Grund-Empfindungs-Kurven bei gleichbleibender Qualität der Empfindung dienen können, ist erst sicher zu beurteilen, wenn sich in anderen Gruppen von anomalen trichromatischen Systemen bisher noch unbekannte Übergangsformen finden sollten.

Wenn die dargelegte Anschauung über den Zusammenhang der dichromatischen Systeme mit den normalen trichromatischen Systemen richtig ist, so fällt die Farbengerade der ersteren zusammen mit dem Lot, welches von der B-Ecke der (normalen) Farbentafel (durch den Weifs-Punkt gehend) auf die gegenüberliegende Seite gefällt ist, und die Anordnung der einzelnen Spektrallichter auf dieser Geraden wird erhalten, wenn wir auf sie die entsprechenden Punkte der Farbentafel bei der ersten Gruppe von der Grün-Ecke, bei der zweiten Gruppe von der Rot-Ecke (also jedesmal von dem Orte, der in ihrer spektralen Intensitäts-Verteilung veränderten Grundempfindung) aus projizieren.

Die Verwechselungsfarben eines Dichromaten liegen auf Geraden, welche den Ort der fehlenden Empfindung zum gemeinsamen Schnittpunkt haben. Diese Geraden schneiden sich nun bei unseren Versuchen für jede Gruppe der untersuchten Dichromaten natürlich nicht mathematisch genau in einem Punkte, sondern die Schnittpunkte sind über eine kleine Fläche zerstreut. Besonders weit abseits liegen die Schnittpunkte derjenigen Verwechslungsfarben, welche viel Blau enthalten, was aus der schon mehrfach hervorgehobenen, durch die geringe Helligkeit in diesem Teile des Spektrum bedingten gröfseren Unsicherheit der Beobachtungen zu erklären ist.[1]

Wir haben nun die Orte von R und G auf der Farbentafel innerhalb jener kleinen Flächen so gewählt, dafs die Gerade R G möglichst nahe heranrückt an die Kurve der Spektralfarben, welche in Fig. 8 durch die stark ausgezogene Linie dargestellt ist.

Über den Ort der Grundempfindung B können wir keine

---

[1] Vergl. Anmerkung auf S. 94.

bestimmten Angaben machen. Er mufs nur so liegen, dafs das von ihm und den Orten von 𝔑 und 𝔊 gebildete Dreieck den reellen Teil der Farbentafel, d. h. die von der Kurve der Spektralfarben und der Verbindungslinie ihrer Endpunkte umgrenzte Fläche, völlig enthält. — Indem wir (Fig. 8) von dem 𝔑-Punkte die Gerade 𝔑 *a b* durch den Ort der kurzwelligen

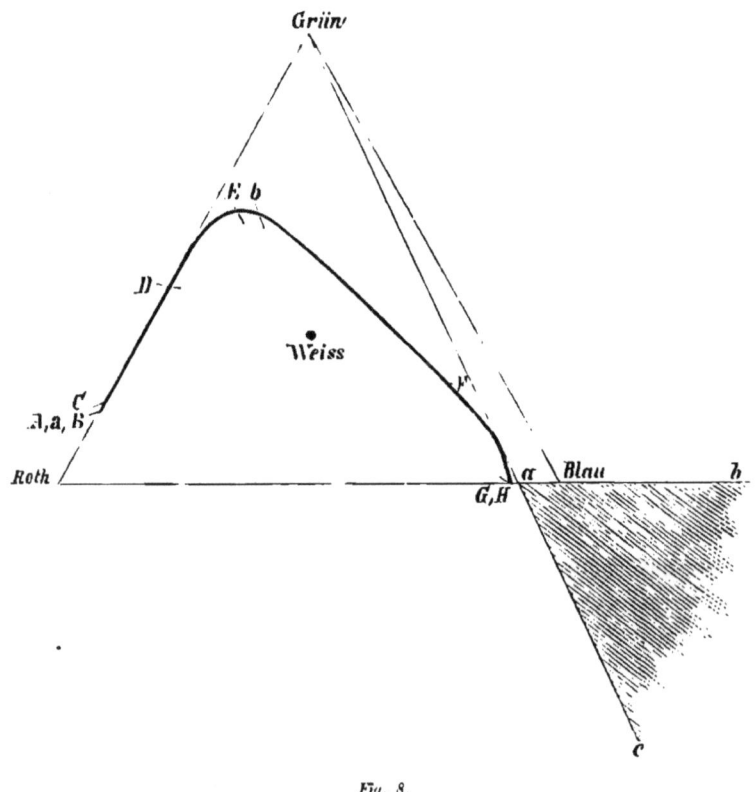

Fig. 8.

Endstrecke (*G, H*) und ferner von dem 𝔊-Punkte die Tangente 𝔊 *a c* an die Kurve der Spektralfarben ziehen, entsteht der unendlich grofse Flächensektor *c a b*, in dem man (die unendlichen Begrenzungsgeraden *a b* und *a c* sind in die Wahl eingeschlossen) den Ort der Grundempfindung 𝔅 völlig willkürlich wählen kann. Trotzdem der Scheitelpunkt *a* des Sektors vor allen übrigen Punkten in gewisser Beziehung ausgezeichnet ist, haben wir ihn doch nicht als den Ort der Grundempfindung 𝔅 gewählt, weil er infolge der Beobachtungsunsicherheit in unseren beiden Farbensystemen an etwas verschiedenen Stellen liegt.[1]

Dadurch, dafs wir ihn (wie in Fig. 8 angegeben ist) völlig willkürlich auf die Gerade $a\,b$ legten, bekommen unsere Grund-Empfindungs-Kurven $\Re$ und $\mathfrak{W}_1$ ein zweites kleines Maximum am blauen Ende des Spektrum; hätten wir einen Punkt der Geraden $a\,c$ gewählt, so wäre dieses bei den Grund-Empfindungs-Kurven $\mathfrak{G}$ und $\mathfrak{W}_2$ der Fall; eine Lage im Innern des Sektors hätte ein derartiges zweites Maximum bei $\Re$, $\mathfrak{G}$, $\mathfrak{W}_1$ und $\mathfrak{W}_2$ bewirkt.

---

[1] Vergl. § 23. S. 93.